守護霊インタビュー 石原慎太郎の本音炸裂

大川隆法
Ryuho Okawa

まえがき

竹島への韓国大統領の上陸、中国（香港）船の尖閣諸島奪回ＰＲと上陸、と、たて続けに事件が起きた。その前にはロシアの大統領・現首相の北方領土視察もあった。どの国も日本領土を自分たち固有の領土と言い放って譲《ゆず》らない。

日本外交は「まことに遺憾《いかん》である」と言うか、「逮捕《たいほ》してもすぐ強制送還《きょうせいそうかん》する」程度の弱腰外交だ。ＴＶで見た限りでは、尖閣に上陸して逮捕された何人かは、民間機の『ビジネスクラス』で「強制送還」されているところが、香港のＴＶで中継されていた。

石原都知事は、公務執行妨害などでつかまえろ、といった強い姿勢（相手はレンガ片を準備して巡視船に投げつけた）をアピールしていた。

この国の国防が危ない。今、誰しも石原慎太郎氏の本音がたっぷりと聞きたいところだろう。その国民の声に応えて、本書を緊急出版する。荒い言葉は使われているが、石原氏の評価を下げる目的はさらさらない。

六十年近くの長きにわたって、スターであり続け、政治の台風の目であり続けた方に、一定の尊敬の念を捧《ささ》げつつ、謹《つつし》んで本書を刊行したい。

二〇一二年　八月十八日

幸福《こうふく》の科学《かがく》グループ創始者兼総裁《そうししゃけんそうさい》　大川隆法《おおかわりゅうほう》

守護霊インタビュー　石原慎太郎の本音炸裂　目次

守護霊《しゅごれい》インタビュー　石原慎太郎《いしはらしんたろう》の本音炸裂《ほんねさくれつ》

二〇一二年八月十四日　石原慎太郎守護霊の霊示
幸福の科学「奥《おく》の院精舎《いんしょうじゃ》」にて

「霊言現象《れいげん》」とは、あの世の霊存在の言葉を語り下ろす現象のことをいう。これは高度な悟《さと》りを開いた者に特有のものであり、「霊媒現象《れいばい》」(トランス状態になって意識を失い、霊が一方的にしゃべる現象)とは異なる。

また、人間の魂《たましい》は原則として六人のグループからなり、あの世に残っている「魂の兄弟」の一人が守護霊《しゅごれい》を務めている。つまり、守護霊は、実は自分自身の魂の一部である。したがって、「守護霊の霊言」とは、いわば本人の潜在《せんざい》意識にアクセスしたものであり、その内容は、その人が潜在意識で考えていること(本心)と考えてよい。

なお、「霊言」は、あくまでも霊人の意見であり、幸福の科学グループとしての見解と矛盾《むじゅん》する内容を含《ふく》む場合がある点、付記しておきたい。

守《しゅ》護《ご》霊《れい》インタビュー　石《いし》原《はら》慎《しん》太《た》郎《ろう》の本《ほん》音《ね》炸《さく》裂《れつ》

二〇一二年八月十四日　石原慎太郎守護霊の霊示

幸福の科学「奥《おく》の院《いんしょうじゃ》精舎」にて

石原慎太郎《いしはらしんたろう》（一九三二〜）

日本の政治家、作家。兵庫県神戸市《ひょうごこうべし》生まれ。一橋《ひとつばし》大学在学中に執筆《しっぴつ》した『太陽の季節』で芥川賞《あくたがわしょう》を受賞。一九六八年、参院選の全国区に出馬してトップ当選を果たし、一九七二年には衆議院議員に当選した。一九七五年、東京都知事選に立候補したものの、現職の美濃部亮吉《みのべりょうきち》に敗れた。衆議院議員復帰後は、福田赳夫《ふくだたけお》内閣で環境庁長官《かんきょうちょうちょう》、竹下登《たけしたのぼる》内閣で運輸大臣に就任。一九九五年で衆議院議員を引退したが、一九九九年、東京都知事に当選し、現在、四期目を務めている。映画俳優《はいゆう》の故・石原裕次郎《ゆうじろう》は実弟《じってい》である。

質問者　※質問順
武田亮《たけだりょう》（幸福の科学副理事長　兼　宗務《しゅうむ》本部長）
秦陽三《はたようぞう》（幸福の科学常務理事　兼　宗務本部庶務《しょむ》局長）

［役職は収録時点のもの］

1　東京都知事・石原慎太郎氏の「心の奥《おく》」を探《さぐ》る

「尖閣《せんかく》・竹島《たけしま》」や「天下取り」について、石原氏はどう考えているか

大川隆法　昨日《さくじつ》（八月十三日）は、中国の次期首相への就任がほぼ確実と見られている、李克強《りこくきょう》・筆頭副首相の守護霊《しゅごれい》をお呼びし、中国側の考えをお聴《き》きしました。

一昨日《いっさくじつ》は、「危機管理のエキスパート」と言われた、故・後藤田正晴《ごとうだまさはる》副総理の霊をお呼びして、「日本は、どうあるべきか」という話をお聴きしました。

今日は、日中や日朝、あるいは日韓《にっかん》の間《あいだ》で、有事、はっきり言えば、戦争等が起きるとしたら、その導火線になる可能性が高い方を、お呼びしてみたいと思います。

連日の収録ではありますが、この方の発言や行動が導火線になって、事が起きる可能性は極《きわ》めて高いと思っています。

「この方」とは、東京都知事の石原慎太郎氏のことですが、まだ亡《な》くなっておられないので、その守護霊をお呼びすることにします。

石原氏は昭和七年（一九三二年）生まれであり、今年《ことし》で八十歳《さい》です。年齢《ねんれい》的には私の母と同じで、本来なら、ご本人から霊言《れいげん》が録《と》れてもいいころではあるのですが、まだ、かくしゃくとしておられ、作家としても都知事としても、元気で活躍《かつやく》なさっています。

そのため、この方の息子《むすこ》で、自民党の幹事長である石原伸晃《のぶてる》氏が、何か気の毒なぐらいです。親父《おやじ》さんがあまりにも元気なので、伸晃氏が首相になるには、まだ何十年もかかるような気がするからです。

場合によっては、「親父さんが導火線に火をつけ、息子さんが、その火消しをする」というようなことになるかもしれません。「歴史的には、そのような役割を担《にな》うのではないか」という気もします。

石原都知事は、作家という面と、政治家という面と、この両方を持ち合わせた方です。魂的《たましい》には、繊細《せんさい》なところも、大胆《だいたん》なところも、両方ともお持ちなのではないかと考えています。

今探《さぐ》っておくべきことは、「『民主党か、自民党か』という選択《せんたく》ではない、新たな選択肢《し》の一つ、すなわち、石原氏と『大阪維新《おおさかいしん》の会』等との連携《れんけい》による、国政への大きな攻《せ》め込《こ》みがあるのか」ということです。これが次の政局の中心でしょう。

あるいは、それと絡《から》めて、石原氏は、最後の天下取りに挑《いど》む気持ちというか、「一回、総理大臣をやってみたい」という気持ちをお持ちなのかどうか。

また、先日、竹島《たけしま》に韓国の李明博《イミョンバク》大統領が上陸しましたが、それについて、石原氏は、どのような考えを持っておられるのか。

さらには、石原氏は、「日本の野田首相は、当然、尖閣《せんかく》諸島に上陸すべきだ」と主張しましたが、どのようにお考えなのか。

石原氏は、舌鋒鋭《ぜっぽうするど》く、日本側の議論の口火《くちび》を切りそうなタイプなので、この方の本心を聴いてみたいと思います。

この方が、とても怖《こわ》い人か、面白《おもしろ》い人か、分かりませんが、予想外のタイプの人である可能性もあります。

石原氏は、派閥《はばつ》を率いていくことが合わないタイプ

大川隆法　私は石原氏と直接に話をしたことはありません。ただ、以前、オーストラリアのケアンズから帰ってくるときに、飛行機で一緒《いっしょ》になったことがあります。石原氏は右の列の窓際《まどぎわ》に座り、私は左の列の窓際に座っていましたが、二人の間《あいだ》には人が一人いました。

石原氏は、飛行機に乗ると、すぐに窓を閉め、読書灯を点《つ》けて、ワープロかパソコンか、記憶《きおく》がはっきりしないのですが、ワープロないしパソコンをテーブルに載《の》せ、原稿《げんこう》をパチパチと打ち始めたのです。

彼の秘書は、おそらく、ケアンズで石原氏のシュノーケリングに付き合わせられ、くたくたになっていたのだろうと思いますが、あっという間に、ガアガアといびき

をかいて寝始《ね》めました。股《また》を開いて、足をダラーッと前に出し、日本に着くまで、ずっと寝ていたのです（笑）。それを見て、私は呆気《あっけ》に取られてしまいました。そして、「うーん。こんな秘書がいていいのか」と思ったことを覚えています。

もしかすると、石原氏が作品を書くのを邪魔《じゃま》しないように、狸寝入《たぬき》りを続けていたのかもしれませんが、私が原稿を書いている隣《となり》で、もし秘書がガアガアといびきをかいて寝ていたら、飛行機が日本に着陸したときには、おそらく、その人の所属部署は変更《へんこう》になっているだろうと思います（笑）（会場笑）。

石原氏は、それくらい大らかで大胆な方なのか、それとも繊細な方なのか、微妙《びみょう》なところです。

そのときの彼は、まだ衆議院議員を辞《や》める前だったのではないかと思うのですが、読書灯を点け、すぐに原稿を打っている姿を見たときに、「ああ、この人は総理大臣にはなれないのかなあ」と思ったことを覚えています。

そして、「彼には孤独《こどく》な一面があって、『一人で仕事をしている作家』というイメージのほうが、自分としては強いのではないか。アイデンティティー（自己認識）としては作家なのかな」という印象を持ちました。

したがって、石原氏は、「派閥《はばつ》をつくり、それを率いていく」ということが、あまり合わないタイプの方なのではないかと思います。

そのわりには国民的人気がけっこうあるので、日本が首相公選制か大統領制であれば、おそらく、首相か大統領になれる可能性のあった方だと思うのですが、日本は選挙制度が間接民主制なので、首相になれませんでした。直接投票なら首相になれた可能性が極めて高いタイプの方です。

確かに、「選挙制度によって、その人が首相に選ばれるかどうかが違《ちが》ってくる」ということはありうると思うのです。

今は、自分の息子である伸晃氏と同年齢ぐらいの人が首相をしているので、石原氏には、ずいぶん危なっかしく見えておられるのではないでしょうか。

芥川賞《あくたがわしょう》作家としての側面も持つ石原氏

大川隆法　石原氏の守護霊は「怖いおじさん」かもしれないので、呼ぶと、どうなるでしょうか。（武田に）どう思いますか。

武田　うーん。どうなんでしょう。

大川隆法　宗教に対しては意外に丁重《ていちょう》かもしれませんね。

武田　そうですね。丁重かもしれません。

大川隆法　中国や韓国、北朝鮮《きたちょうせん》は、この方の行動や言論に対して、ものすごく敏感《びんかん》に反応していると思います。

石原氏は、今年、「大阪維新の会」と組む動きを見せたり、尖閣諸島を国に代わって東京都が所有者から買い上げようとしたりしていますが、まもなく八十歳になる人にしては、かなり華々《はなばな》しく動いておられ、頭はとてもシャープです。

芥川賞《あくたがわしょう》を受賞した二十三歳のときから世間《せけん》に注目され、八十歳でまだ注目され続けている、常にスターであり続けた方ではないかと思っています。

彼は一橋《ひとつばし》大学法学部卒ですが、在学中に書いた『太陽の季節』という小説で芥川賞を受賞しました。これは、湘南《しょうなん》の海で遊んでいる、弟の石原裕次郎《ゆうじろう》から聞いた話をもとにした小説だったようです。

彼の芥川賞受賞は昭和三十一年（一九五六年）ですが、それは私の生まれた年です。受賞作は受賞と同じ年に映画化され、その作品で石原裕次郎がデビューを飾《かざ》っています。

その小説によって、「太陽族」というものが有名になりましたし、石原氏の当時のヘアスタイルは「慎太郎刈《が》り」として有名になりました。戦後の風俗史《ふうぞくし》のなかにも一ページを刻んだ方なのです。

ただ、彼に、途中《とちゅう》で屈折《くっせつ》したことがあるとすれば、最初に東京都知事選挙に出たとき、現職の美濃部《みのべ》都知事に敗れたことでしょう。これは、とても悔《くや》しかっただろうと思います。そういう経験があったため、その後、国会議員を辞《や》めて都知事になられたのではないかと思います。

私は、この方について、「やや振幅《しんぷく》のある魂なのではないか」と見ています。

息子さんたちは、二人が衆議院議員になりましたし、俳優《はいゆう》をしている方もいます。家庭においても成功されたようなので、石原氏は日本の理想的な父親像の一つではないかと私は考えています。

石原慎太郎都知事の守護霊《しゅごれい》を招霊《しょうれい》する

大川隆法　それでは、石原慎太郎東京都知事の守護霊《しゅごれい》をお呼びしたいと思います。

（合掌《がっしょう》し、瞑目《めいもく》する）

石原慎太郎東京都知事の守護霊よ。まことに恐縮《きょうしゅく》ではありますけれども、幸福の科学の「奥《おく》の院精舎《いんしょうじゃ》」にご降臨くださいまして、われらに、その心の奥をお明かしくださいますよう、心の底よりお願い申し上げます。

石原都知事の守護霊よ。どうか、そのお考えをお明かしください。

石原慎太郎の守護霊、流れ入《い》る、流れ入る。

石原慎太郎の守護霊、流れ入る、流れ入る。

石原慎太郎の守護霊、流れ入る、流れ入る、流れ入る、流れ入る、流れ入る。

石原慎太郎の守護霊、流れ入る、流れ入る、流れ入る、流れ入る、流れ入る。

石原慎太郎の守護霊、流れ入る、流れ入る、流れ入る。

（約十五秒間の沈黙《ちんもく》）

2 「尖閣《せんかく》・竹島《たけしま》問題」をどのように考えるか

「問題発言をするかもしれないよ」と予告する石原守護霊

石原守護霊 （咳《せき》をする）

武田 こんにちは。

石原守護霊 ああん？

武田 石原慎太郎東京都知事の守護霊でいらっしゃいますか。

石原守護霊　うーん……。この手で来たか。

武田　はい。

石原守護霊　わしをターゲットにするとはなあ。橋下君《はしもと》（橋下徹大阪市長《とおるおおさか》）は、この前、やられとったが（『徹底霊査《てっていれいさ》　橋下徹は宰相《さいしょう》の器《うつわ》か』〔幸福実現党刊〕参照）、わしにはやらんと思うとったんだがなあ……。

武田　世間《せけん》は、石原都知事のご発言を注目しておりますので。

石原守護霊　橋下は、いきなり守護霊霊言《れいげん》をやられて、だいぶ、こたえたみたいだけどなあ。まさかの一撃《いちげき》だったようで、だいぶ、グラッと来たようだけどなあ。

武田　ああ、そうですか。橋下氏から何か感想が届いておりますでしょうか。

石原守護霊　ええ？　そらあ、分かるよ。ちょっとグラッと来たよ、彼は。

武田　グラッと来たのですね。

石原守護霊　ええ、ええ。来た。「あんまり偉《えら》くないらしい」（笑）っていうので、やっぱりグラッと来たみたいではあったがなあ。

「わしは、さすがに怖《こわ》いだろう。『カミナリ親父《おやじ》だ』と思って、呼ばないのではないか」と思っていたんだがなあ。

もしかしたら、危険発言をするかもしれないじゃない。問題発言をさあ（会場笑）。中国や朝鮮《ちょうせん》半島に対して、いかなる差別発言をするかも分からんしさあ、幸福の科学に対してだって、何を言うか、分かんないよなあ。

武田　そうですねえ。

石原守護霊　幸福の科学の宗教法人としての許認可は、東京都にて受け付けたように聞いておるからな。東京都知事を怒《おこ》らすと、君、宗教法人としてはまずいぜえ。

武田　そうですね。

石原守護霊　うーん。

東京都知事はかつての江戸《えど》幕府の将軍のようなもの?

武田　今日は八月十四日ですが、明日《あした》は、「終戦記念日」という非常に意義のある日です。また、八月十日には、李明博《イミョンバク》大統領が、わが国の領土である竹島《たけしま》に、韓国《かんこく》の大統領として初めて上陸しました。

石原守護霊　いやあ、君、その話を聞いただけで、俺《おれ》は、もうモヤモヤ来始めた。ああ、駄目《だめ》だ。

武田　モヤモヤ来ますか（笑）。

石原守護霊　モヤモヤ来るなあ。やっぱり、野田は蹴《け》っ飛ばしてやりたいなあ。あんなのを上陸させるとは何事であるか。

武田　そうですね。

石原守護霊　もう、けしからんなあ。

武田　さらに、明日から明後日《あさって》にかけて、民間の漁船と称《しょう》していますが、「中国や台湾《たいわん》からの抗議《こうぎ》船が尖閣《せんかく》諸島に向かう」と報道されています（注。台湾の抗議船は出航しなかったが、香港《ホンコン》の抗議船は十五日、魚釣島《うおつりしま》に到着《とうちゃく》し、七人が上陸。沖縄《おきなわ》県警および第十一管区海上保安本部は、船にいた者を含《ふく》め計十四人を逮捕《たいほ》した）。

石原守護霊　うん。韓国ごときが竹島に上陸したんだったら、〝大中国〟の力は、その何十倍もあるかしれないからさあ、「尖閣に何もできないでいる」なんていうのは、みっともない。ジーッとしてるだけでも、みっともないだろうよ。何かしたいよな。

武田　はい。石原都知事は、国民が知っているとおり、尖閣諸島を、実際に都のほうで購入《こうにゅう》されようとしていますが。

石原守護霊　うん。日本の国会は駄目だ。間接民主制は、もう駄目なんだよ。「あんなところで、多数派を取って、派閥《はばつ》工作をして、首相になる」なんていうのは、なかなかなれそうにもないからさあ。もう地方主権というか、「東京都で日本の主権を取ってやろうか」と思ってね。

武田　（笑）

石原守護霊　全部やっちゃおうかしら、ほんとにねえ。昔の藩《はん》体制だったら、まあ、やれんことはないからなあ。

武田　はい。

石原守護霊　「かつての江戸《えど》幕府は、今は東京都だ」と考えればさあ、東京都知事が将軍だ。なあ?

武田　そうですね……。

石原守護霊　だから、それは直轄《ちょっかつ》領なんだからさあ、東京都知事が、「外国をどうするか」なんていうことを決めたって構わんのだよ。

あと、全国の〝地方の藩〟は、貢《みつ》ぎ物を出してくるために存在しとるわけだからさあ。「それをどうしようかなあ」とは思っとるが、このままでは、やっぱり収まらんというか、棺桶《かんおけ》に入れられても、ガタガタッと蓋《ふた》が開《あ》いて、もう一回、出てくるような感じがしてしょうがないんだよなあ。

やっぱり最後に、やるべきことをズバッとやりてえなあ。

武田　そうですね。

石原守護霊　ああ。

尖閣購入《せんかくこうにゅう》の狙《ねら》いは、「対中国外交」と「現政権への揺《ゆ》さぶり」

武田　先般《せんぱん》、「尖閣《せんかく》諸島を都が購入《こうにゅう》する」という発表を、アメリカでされましたよね。あれは、国民に非常に大きなインパクトを与《あた》えたと……。

石原守護霊　分かってくれるかい？　この政治センスが分かるか。

武田　ええ。非常に痺《しび》れました。

石原守護霊　ああ、分かるか。君、日本人離《ばな》れしてるよ。わしの政治センスが分かるっていうのは、日本人としては、もう、かなり上澄《うわず》みの一部の人たちだな。

武田　石原都知事の「ご本心」と言いますか、尖閣諸島を購入する狙《ねら》いというのは、ずばり、何でしょうか。

石原守護霊　これはねえ、「王手飛車取り」だ。

武田　「王手飛車取り」ですか。

石原守護霊　うん。「王手飛車取り」だ。まあ、どっちが「王」で、どっちが「飛車」かは知らんけどさ、「対中国外交」と、「首相および現政権を揺《ゆ》さぶってイニシアチブを取ること」と、この両方を狙ったものだな。

だから、どちらに対しても、かなりの意見を言って、影響力《えいきょうりょく》を行使することができると思う。

幸《さいわ》い、東京都で買えそうであるからさあ。沖縄県知事に対して、あんなに頭を下げに行ってるような政権だけど、足下《あしもと》の都庁に来て、東京都知事に頭を下げるところをテレビの映像に映されるのは嫌《いや》だろうなあ。

わしは、そう簡単には「うん」と言わんぜ。

武田　今のところ、石原都知事の狙いどおりと言いますか、予定どおりに事が運んでいるのでしょうか。

石原守護霊　うーん、まあ、それは国も買おうとして動いているが、とにかくイニシアチブはうちが取ったからさ。

あとは、国が意地悪をしてさあ、「手続き的なところを、ごちゃごちゃ言おう」とか、「東京都が買ったら、石原は、どうせ尖閣に上陸するに違《ちが》いないから、そのときには国の船は出さん」とか、いろいろと言ってるんだろう？「海上保安庁や自衛隊の船などは、都知事には使わせない」とか言ってるんだろうけど、そんなになめちゃいかんぜよ。

君ねえ、「東京都に上陸手段がない」と思ってるんだったら、それは考え違いだ。東京都がその気になったら、羽田《はねだ》ぐらいは封鎖《ふうさ》できるんだからね。

武田　おお！

石原守護霊　分かってるのかなあ。ほんとにねえ、東京都が羽田を占拠《せんきょ》するぐらいは簡単なんだからさあ。空からだって行くぜ。

武田　（笑）そうですか。

石原守護霊　空から行って、スキューバダイビングでドボーンと飛び降りてから上陸したって構わんのだからさあ、手はいくらでもあるんだよ。だから、あんなねえ、常識でものを考える人間たちは、頭が悪いから相手にならねえんだよなあ、ほんと。俺は何でも考えつくからさあ。

国が尖閣《せんかく》を購入《こうにゅう》しても「遺憾《いかん》です」しか言えないだろう

武田　実際のプロセスとしては、これからどうされようと考えておられますか。

石原守護霊　いや、国に任せたら駄目だ。

武田　何も進まないですよね。

石原守護霊　国が尖閣《せんかく》を持っちゃったらさあ、どうせ、また、「遺憾《いかん》です」以外は言えないよ。もう、「遺憾シリーズ」だと思うな。

武田　そうですね。

石原守護霊　中国がまた何かすると、「遺憾です」「遺憾です」ばっかりやるからね。

武田　はい。

石原守護霊　東京都が持ってたら、遺憾じゃ済まんからねえ。「ぶっ殺したる」って言うからさあ。

武田　うーん……。

石原守護霊　それは面白《おもしろ》いぞ。なあ？　絶対に面白いじゃん。それで、国は、「都知事の発言も遺憾ですが、中国の過激な行動も遺憾です」と言ってりゃあ、よろしいんだろうから、私が過激にやっても、戦争にならずに済むかもしらんじゃないか。でも、日本人の言いたいことは向こうに伝わると思うよ。

武田　ええ、もう伝わっていると思います。

石原守護霊　あっちが怖《おそ》れてるのは、私だと思うよ。だから、本来はさあ、さっき、大川総裁から説明があったようにだな、私が日本の首相ないし大統領にならないといかんのだよな。

武田　うーん。

石原守護霊　本来、そういう立場なんだ。だけど、日本の制度がどうも駄目なのと、日本人の気質が、もう、田植えの気質だから駄目なんだよなあ、ほんと。

「国防の権限を東京都に降ろしてもらってもいい」という本音

武田　政局の話は、また、あとで伺《うかが》いたいと思います。

ところで、明日、明後日にも、中国の活動家が尖閣諸島に上陸しようとする動きがありますが、これに対して、具体的に、どう対応すべきとお考えでしょうか。

石原守護霊　うん、まあ……。

武田　石原都知事なら、どうされますか。

石原守護霊　こちらのほうの手続きが完成してないからさあ。まだ個人の持ちものだから、あれだけど、もし、「国のほうが、わしの機先《きせん》を制して、過激な行動を取る」って言うのなら、それは見物《みもの》だな。

今まで、俺はずーっと批判してきてるけど、外務官僚《かんりょう》っていうのは、もう、ほんとにクソみたいなやつらばっかりだからさあ。腐《くさ》ってるよな。あんなもん要《い》らんよ。「取り除くのが、いちばんいい」っていうのが、外務官僚だ。

外務省なんていうのは、もう、ほんとに仕事になってないわ。

武田　はい。

石原守護霊　日本の国益を害することしかしないからね。国益に資することは、全部、邪魔《じゃま》して、国益に反することは、一生懸命《いっしょうけんめい》に推進する。これが外務省だよな？

武田　はい。

石原守護霊　外交官試験がなくなって、ほんと、すっきりはしてるけど、まだ、外務省は存在しとるからなあ。

だから、まあ、国防の権限を東京都に降ろしてもらってもいいぐらいだ。

武田　（笑）

石原守護霊　「東京都国防局」とか、つくろうかしらねえ。

武田　そうですね。

石原守護霊　手続きが遅《おそ》いから、「都の権限ではやれん」とか、いろいろと言うんだろうけども、いやあ、何かはやるかもしれませんね。

とりあえず、国のほうも、ちょっとは動きを見せて、〝「遺憾です」攻撃《こうげき》〟をやるとは思うけど、（自衛隊の）船が出るかどうか、ジェット機が飛ぶかどうか、そのへんは知らんけどさあ。

いずれにしても、中国や、いろんなものがゴソゴソ動いて、尖閣に旗を立てたり、「中国領だ」と書いたり、岩を削《けず》ってヘリポートをつくったりしたら、そのあとの取り壊《こわ》し工作は、わしがやるつもりでいる。

武田　そうですか。

石原守護霊　そりゃあ、やりますよ。当然、取り壊しますよ。日本人のものに対して、そんなことをやったら、不法侵入《しんにゅう》だからねえ。当然、逮捕しなきゃいけない。上陸したやつは逮捕し、近づいた船は、機《き》関《かん》銃《じゅう》を撃《う》ちまくって沈《しず》める。

武田　（苦笑）

石原守護霊　当ったり前ですよ。そういう態度を示さなければいかん。とにかく、国が邪魔して、今、（尖閣の購入が）遅《おく》れがちであるので、早くしないといかんなあ。

武田　尖閣諸島を購入したあと、都知事として、今、おっしゃったようなことができるのでしょうか。

石原守護霊　できなかったら、できないなりに、東京都で条例をつくって、穴をあけるさ。ほかの手段はいくらだってあるよ。

「私が首相になれば、自衛隊に命令を下《くだ》す」と断言

秦　東京都で購入したあとで、国に譲《ゆず》ることは考えていらっしゃるのでしょうか。

石原守護霊　国に譲ると判断ができなくなるんだろ？　だから、「尖閣が欲《ほ》しかったら、俺を首相にしろ！」とか、国に交渉《こうしょう》しなきゃいかんわな。

武田　尖閣の売り主の方には、都知事と個人的なコネクションがあって、「国には絶対に売らない」と語っておられるそうですが。

石原守護霊　売り主のほうも、「国に売っても、何にもならない。石原なら、ちゃんとやってくれる」っていうのを知ってるんだよ。「国に売ったら、あとで大変なことになる」っていうか、「何にも進まなくなる」ことぐらい知ってるから、「都知事に任せたほうがいいんじゃないか」ということだな。

「都知事がそれをやることには、外交上、問題がある」という世論《せろん》が盛り上がってきたなら、そのときは、しょうがない。解散総選挙をして、首相にしてもらったら、わしがやってもいいんだろう。マスコミに盛り上げてもらって、そういう世論をつくっていただかないとしょうがないなあ。

「せっかく尖閣を手に入れたんだから、もう石原を首相にしてやれ！」というふうに言ってくれれば、自衛隊の最高指揮官として、正当な手続きでもって、自衛隊に命令を下《くだ》します。

武田　なるほど。

3 「国政復帰」の可能性はあるのか

「国政選挙など、準備しなくても当選できる」という自信

武田　少し別のお話を伺《うかが》いたいと思うのですが、「次の選挙があったときには、首相にもなれるような道をつくろう」とお考えですか。

石原守護霊　うーん。それはねえ、わしは、最近、「後出しじゃんけん」に徹《てっ》してるんだよ。じゃんけんは、先に出したら負けるからな。相手が何を出したかを見て、その反対を出しゃあ、勝ちだからさ。

だから、それとなく匂《にお》わせといて、「後出しじゃんけん」をする。焦《じ》らせば焦らすほど、マスコミから期待されるからさ。それをちょっとやらない

といかんから、すぐには言わんよ。
ただ、ほかの人たちは準備をし始めているんじゃないの？　だけど、「担《かつ》ぐ人」が必要になるだろうな。

武田　そうですね。

石原守護霊　ああ。最後にはな。

秦　そうしますと、首相になる前段階として、次の国政選挙に出ることを、すでにお考えなのでしょうか。

石原守護霊　まあ、それは一日で終わりだからさ。「出る」と言えば当選するんだからね。それは分かってるんだよ。

秦 「ギリギリまで待ってから出馬する」ということでしょうか。

石原守護霊 うーん。「出る」と言やあ、当選するに決まってるんだから、それだけのことだ。わしには、選挙準備が何も要《い》らないからね。出たら当選するに決まってる。出たら当選だから、準備は何にも要らないんだよ。

だから、それだけの態勢ができるかどうかは、世論《せろん》が醸成《じょうせい》できるかどうかにかかってる。尖閣《せんかく》のことで、国が無様《ぶざま》な醜態《しゅうたい》をさらしたら、それを見て、いよいよ（国民から）「待望論」が出てくるだろうな。

それも見なきゃいけないからさあ。「石原のほうが、よっぽど果断で信頼《しんらい》できる」っていう気持ちが、こう上がってきたらな。

秦 「状況《じょうきょう》を見ながら判断する」ということですか。

石原守護霊　まあ、「（自民党）幹事長はちょっと黙《だま》っとれ！　伸晃《のぶてる》、おまえの時代は、ずーっと先だから、引っ込《こ》んどれ！」っていうような感じだね。向こうは、「親父《おやじ》、もう引退しろ」って言うとるけど、こっちも、「おまえは、まだ〝ひよっこ〟だから、黙っとれ！」っていうような感じかな。

「大阪維新《おおさかいしん》の会」等との連携《れんけい》の可能性

武田　世間《せけん》では、「石原都知事は、どの政党から出馬するのか」ということに関心が集まっていると思います。

石原守護霊　そんなもの、どうでもいいんだよ。

武田　どうでもいいのですか。

石原守護霊　どこから出たって勝つから、もう、どこでもいいのよ。

武田　どこでもよろしいのですか。

石原守護霊　どこでもいいのよ。
尖閣は何県だ？　島根《しまね》県？　何県だ、あれは？

武田・秦　沖縄《おきなわ》県です。

石原守護霊　沖縄県か？　ああ、沖縄だ。沖縄から出たって当選するぜ。
まあ、どこから出たって当選するからさあ。

武田　「大阪維新《おおさかいしん》の会」と連携《れんけい》する可能性はありますか。

石原守護霊　うーん。でも、何か、中部のほうも動いてるんじゃないの？

武田　はい、はい。

石原守護霊　何かゴソゴソとな。

武田　「減税日本《にっぽん》」や「中京《ちゅうきょう》維新の会」ですね。

石原守護霊　うん。だから、地方自治体のほうが連動して動いていくと面白《おもしろ》い。これは、今、倒幕《とうばく》運動みたいに持っていこうとしてるんじゃないの？

武田　では、そのあたりのグループと組んでいくおつもりですか。

石原守護霊　うん。今、〝倒幕〟ということで、「江戸《えど》幕府を倒《たお》して、新しい政権をつくる」みたいなほうに持っていこうとしてるようだから、政府が醜態をさらしてくれれば、よろしゅうございますなあ。

武田　以前、石原都知事が命名までされた、「たちあがれ日本《にっぽん》」からではないのですか。

石原守護霊　「たちあがれ日本」は、もう立ち上がれんだろ？

武田　（笑）そうですか（会場笑）。「もう立ち上がれない」と見ておられるわけですね。

石原守護霊　もう立ち上がれんな。

武田　こちらに対しては、「見切りをつけた」ということですか。

石原守護霊　年寄り集団になってるから、もう立ち上がれんのじゃないかなあ。これは、ちょっと厳しいな。

武田　あと、もう一人おられたと思います。「オリーブの木」という構想（地域政党を中心とした緩《ゆる》やかな連携構想）を考えられていた小沢一郎《おざわいちろう》氏との連携はどうなのでしょうか。

石原守護霊　うーん……。どうだろうねえ。

まあ、「関ヶ原（の戦い）」のときにも、西軍・東軍に分かれてはいても、最後、ほんとに戦うときまでは、どうなるか、ギリギリまで分からないところがあったからねえ。

武田　ああ……。

石原守護霊　まあ、選択《せんたく》の余地としては、いろんな考え方を残しとかないといかんから、断定的には言えないね。

武田　なるほど。では、まだ、「ノー」ではないわけですね。

石原守護霊　だって、分からんじゃないか。

あの家康《いえやす》だってさあ、西軍を切り崩《くず》さなかったら負けてたかもしれない。味方の軍になることを要請《ようせい》していたものの、なかなか動こうとしなかったやつに大砲《たいほう》（鉄砲）を撃《う》ち込んで、動かしたぐらいだからね。「寝返《ねがえ》らす」っていうか、あれは小《こ》早川《ばやかわ》（秀秋《ひであき》）だったかなあ。あれを寝返らせなければ勝てなかった戦《いくさ》だよなあ。

何が起きるか分からないから、いろんな可能性を考えないとな。

うーん、そうだねえ、七十二通りぐらいの組み合わせはあるかな。

武田　（笑）七十二通りですか。ずいぶん、ありますね。

石原守護霊　うーん。「たちあがれ日本」だけでなくて、ほかにも政党はあるしさあ。

「石原待望論」のムードを上手《じょうず》につくっていきたい

武田　ご自身で新党を結成するというお考えはあるのでしょうか。

石原守護霊　だから、「それは〝後出し〟でやらないと損だ」って言ってるじゃん。

武田　ああ。はいはい。

石原守護霊　先に言うと損するからさ。先に言うと、みんな、一生懸命《いっしょうけんめい》、潰《つぶ》すほうに宣伝し始めるから、やっぱり、期待が高まらないといかんわけよ。

わしゃあねえ、ヒトラーと一緒《いっしょ》にされたりすると面白《おもしろ》うないから、あんまり言いたくはないけど、あいつは、そういうムードをつくるのが、やっぱり、うまかったなあ。もちろん、「わしはヒトラーと同じような人間だ」とは思ってないけども、そういうふうな待望論がグーッと高まってくるように、上手《じょうず》にムードをつくらないといかんわなあ。

武田　それでは、今、そのムードをつくっているところですね？

石原守護霊　それを見てるわけよ。だから、私が腰《こし》を上げなきゃ上げないほど、みんな、「立ってほしい」と思うだろうなあ。

論語風に言えば「八十にして、中国・コリアを叱《しか》る」という感じか

武田　ご年齢《ねんれい》も、もうすぐ八十歳《さい》になられますが。

石原守護霊　いや、まだ行けるんじゃない？

武田　まだ行けますか。

石原守護霊　うん。九十ぐらいまでは行けるんじゃないの？

武田　九十歳ぐらいまで？

石原守護霊　うーん。大丈夫《だいじょうぶ》だよ。

武田　では、今回、「天下取り」を狙《ねら》われているのでしょうか。

石原守護霊　うん。だから、伸晃には、あと十年は待ってもらわないといかんわな。一国の首相をやるには、五十代では早いんだよ。この国は少し重いんだ。

武田　うーん。

石原守護霊　あのねえ、大胆《だいたん》に見切ってやるには、やっぱり、わしぐらいの年齢・

経験でちょうどいい。このくらいになると、中国やコリア（韓国《かんこく》）を叱《しか》りつけられるからね。まあ、「八十にして、叱れる」っていうかな。『論語』風に言やあ、「十五にして学を志し、三十にして立つ。八十にして叱る」と、まあ、こんな感じかのう。

武田　（笑）はい。

石原守護霊　八十にして叱ったら、もう、相手は、「へへえ」っていうような感じになるんだな。

武田　なるほど。

4　尊敬する三島由紀夫《みしまゆきお》への思い

秦　以前、三島由紀夫《みしまゆきお》さんの霊《れい》をお呼びして、石原慎太郎先生のことをお伺《うかが》いしたところ、「そろそろ引退したほうがよい」というようなことをおっしゃっていました（二〇一二年二月一日、「天才作家三島由紀夫の描《えが》く死後の世界」と題して、三島由紀夫の霊言《れいげん》を収録）。

石原守護霊　何と！　自分は勝手に〝自決引退〟しとって、何を言うとるんだよ。やっぱり、長くご奉公《ほうこう》しなきゃいかんだろうにねえ。

何？　「あの世の高天原《たかまがはら》が崩《くず》れた」って？　どうしたの？　今、あいつはモッコで運んどるんだろ？（注。三島由紀夫は霊言のなかで、「先の敗戦の影響《えいきょう》で、現在、

高天原は傷ついており、自らも〝改修工事〟に参加している」と語っていた）

武田　（苦笑）

石原守護霊　土方《どかた》の手伝いが欲《ほ》しいから、「早《はよ》う、来い」って言ってるのと違《ちが》うのか。そんな仕事はねえ、東京都であれば、ちゃんとゼネコンを使ってやるんだよ。都知事の仕事じゃねえんだよ。

三島は、石ころを持ち上げるのが大変なんだろう。鍛《きた》えていた筋肉が、今、弱っとるんだと思うんだよ。首がないままでやっとるんじゃないか。目が見えんから、「この石は、どっちへ運んだらええの？　高天原はこっちかのう？」とか言うて、やってるんじゃないか。ハハ。

武田　地上のご本人は、尊敬されているとも聞いておりますが……。

石原守護霊　どっちが、どっちを？

武田　もちろん、「石原都知事が」です。

石原守護霊　あ、わしが尊敬しとるの？

武田　はい。「三島さんを尊敬されている」と聞いております。

石原守護霊　まあ、時代的に見りゃ、先見性はあったかな。

武田　そうですね。

石原守護霊　結局は、早すぎたか。

あれは、昭和四十五年ぐらいだったかなあ。自衛隊を占拠《せんきょ》して総監《そうかん》を閉じ込《こ》め、檄文《げきぶん》を撒《ま》いたり、演説をしたりして決起を促《うなが》したけれども、自衛隊員がしらけて動かないので、「もはや、これまで」ということで、古式ゆかしい日本の武士道に則《のっと》って、割腹《かっぷく》し、首切りをされたわけだけどもね。

まあ、自衛隊も、長らく腰抜《こしぬ》け状態が続いとったからなあ。

昭和四十年代だから、何年だい？　一九七〇年代だったかな？

武田　はい。一九七〇年です。

石原守護霊　あのころに、彼の言うことをきいて、自衛隊が、軍隊としての自覚を持って、ガッと立っとれば、その後《ご》の日本は、経済的発展だけでなく、政治的にも立派な国家になった可能性が高いわな。

その意味では、やがて、彼の死に、意味が出てくるかもしれないと思うけどな。

武田　思いとしては、非常に近いところにあるわけですか。

石原守護霊　まあ、わしらのほうは、今、彼から言わせば、「卑怯《ひきょう》にも八十まで生きよって」とか、「老醜《ろうしゅう》をさらした」とか、そういうことになるだろう。いや、分かんないよ。最後は、わしだって〝特攻《とっこう》〟するかもしれないからな。

武田　うーん……。

石原守護霊　「東京都知事が、東京都の飛行機ないしはヘリコプターを使って、尖《せん》閣《かく》諸島に突《つ》っ込んでいく」っていうことだって、あるわけだからさ。「三島も自決した。わしも自爆《じばく》する。爆弾《ばくだん》を積んで、尖閣に上陸する」って言ったら、中国も怯《おび》えるだろうよ。

武田　そうですよね。

石原守護霊　「撃《う》ったら爆発する」っていうんなら面白《おもしろ》いし、「自爆しようと思ったけど、爆弾を落としてしもうた」とか（会場笑）、そういうことだって、あるかもしれない。「ああ、しもうた。ポトンと落ちてしまう。なかなか、素人《しろうと》はうまいこといかんもんだな」っていうようなこともあるかもしらんわなあ。

ダイナマイトぐらいは、いっくらでもあるよ。東京都内でトンネル工事をやりまくっとるからな。

花火だって空に向けて、打ち上げられるんだから、下に向けて撃てんことはないからねえ。中国風の爆竹《ばくちく》をやってもいいぐらいだな。

ちょっと、なんか、肝《きも》を冷やすぐらいのことはやってやりたいねえ。

そういう意味では、「三島精神」を忘れてはならんかもしらんね。

5　石原都知事が真に目指していること

領土問題において、今、大切なことは「言行一致《げんこういっち》」

武田　ただ、日本の国民は、まだまだ、領土問題と言いますか、韓国《かんこく》や中国が日本の領土を不当に占拠《せんきょ》したり、上陸しようとしたりする動きに関して、そこまでの危機感は持っていない状態だと思うのです。

石原守護霊　うん。だから、いいんだよ。

武田　えっ？　いいのですか。

石原守護霊　バカはバカで、もういい。しょうがないんだよ。

武田　しょうがないのですか。

石原守護霊　黙《だま》ってりゃいいんだよ。

武田　はあ……。

石原守護霊　だから、頭のある人が行動するしかないんだよなあ。もう、しょうがない。バカはあとから付いてこいよ。そんなもんだ。何の知恵《ちえ》もないんだから、しょうがないじゃないか。

だからねえ、今、大事なことは、言行一致《げんこういっち》だよ、言行一致。

武田　言行一致ですか。

石原守護霊　つまり、「『日本の国土だ』と主張するのなら、すべきことをしなさい。すべきことをしないのなら、『日本の国土だ』と主張するのをやめなさい」ということだ。すべきことをしないのなら、口だけで、いくらでも取れることになるよ。

武田　そうですね。

石原守護霊　だからね、私は、別に尖閣《せんかく》だけでなくて、沖縄《おきなわ》だって、竹島《たけしま》だって、ほかにも心配してる所はいっぱいあるんだよ。

尖閣であんまり変なことをやるんだったらさあ、場合によってはねえ、もう銀座界隈《かいわい》で買い物をしてる中国人から、秋葉原《あきはばら》で買い物をしてる中国人まで、底引き網《あみ》で全部……。

武田　（苦笑）底引き網ですか。

石原守護霊　ガアーッと引いて、とっ捕《つか》まえるよ。そのくらいは都知事の権限だ。東京都内を歩いてるのが悪いんだからさ。

　底引き網で全部捕《と》らえてさあ、漁船で引っ張って中国まで連れていったらいい。「泳げるものなら、泳いでみろ」ということで、まあ、溺《おぼ》れたらそれまでだ。知らんよ。「魚かと思ったら、人間だったのか。日本語をしゃべれないから、魚かと思ったよ」と言ってやったらいいんだ（注。あくまでも守護霊の言葉なので、そのまま掲載《けいさい》した）。過激かなあ。

秦　ええ。かなり過激だと思います。

石原守護霊　過激か。そうかい。カレーは辛《から》いほどうまいぞ。

秦　そうですね……。

石原守護霊　うん。

「上手《じょうず》に危機を演出して、憲法改正につなげたい」という狙《ねら》い

秦　今後、状況《じょうきょう》が許して、石原都知事が国政のほうに出られることになった場合、非常に大きな影響力《えいきょうりょく》をお持ちになるだろうと思いますが、もし、日本の総理大臣になられたとしたら、いちばん優先《ゆうせん》して行いたいことは何でしょうか。

石原守護霊　まあ、多々あるけれども、やっぱり、「国家としての主権の確立」をやって見せないといけないだろうなあ。これは、やらなきゃいかんなあ。

東京都知事をやってるときには、地方主権だけども、日本の首相になったら、もちろん国家主権だ。ハハハ。ちょっと、二重人格かな。まあ、知らんけども、わしがいる所は、とにかく地球の中心なんだよ。

武田　（笑）なるほど。

石原守護霊　だから、国家主権をしっかり立てないといかんよ。国家主権を立てるためにも、今回、上手《じょうず》に危機を演出して、絶対に憲法改正まで持っていきたいですなあ。

今、自民も民主もほとんど変わらなくなってきてるから、次に、第三の党が立ち上がってきて、どのくらい議席を取れるかは分からんけども、とにかく多数派形成ができたらさあ、憲法改正に持っていくっていう手もあるわなあ。そういう期待が高まってくれればね。

だから、ある意味で、尖閣を、中国の軍隊が先に駆《か》け上がって押《お》さえるなら押さえたらいいんだよ。あのちっぽけな島を押さえることで、日本が憲法を改正できるんだったら、こんなにありがたいことはない。ぜひ上陸していただきたい。

竹島、尖閣と来たら、次は、沖縄へ来るんだろうからさあ。憲法改正に対する期待が、当然、上がってくると思いますねえ。

これには、野党だって、反対できなくなってくると思うからね。

まあ、上陸するなら上陸していただいて結構ですね。李克強《りこくきょう》が来るのか、習近平《しゅうきんぺい》が来るのか知らんけどさあ、上陸するのなら、どうぞ。

許可なく日本領に上陸された場合、「私なら戦争も辞《じ》さない」

石原守護霊　わしが東京都知事のときに、尖閣が東京都のものになっているのか。わしが首相になっているときに、国の所有になっているのか。まあ、それは、そのときの状況によるんだろうけれども、習近平であろうが、李克強であろうが、わしが所有している所に上陸したら、直《ただ》ちに射殺命令を出すからね。日本の国土ですから、許可なく上陸したら、それはしかたないじゃないか。

私は、「ただ捕まえて追い返す」というようなことはしませんよ。菅《かん》や仙谷《せんごく》みたいに、あんなみっともないことはしません。那覇《なは》地検か何か知らんが、あんなところのせいにしてさあ、それで、漁船だか何だか知らんけど、ぶつかってきた船の船長を釈放《しゃくほう》したりして、向こうで英雄扱《えいゆうあつか》いされるみたいなことは、絶対にありえないです。

武田　そうですね。

石原守護霊　ええ。いちおう平和裡《り》に解決する場合には、海上保安庁の巡視《じゅんし》船に逮《たい》捕《ほ》させるけれども、平和裡でない場合、つまり、「向こうが明らかに戦争行為《こうい》として日本に向かって来た」という場合には、自衛隊を使わざるをえないよな。

それで、事実上、憲法改正をやらざるをえない状態にはする。「憲法改正をやる」とか「やらない」とか言っても、結局、戦争をやってしまえば、改正されたのと一緒《いっしょ》だからね。だから、まあ、事実上、憲法改正ができるということだ（笑）。

武田　昨日、中国の李克強次期首相の……。

石原守護霊　李克強ごときにやられてたまるか！

武田　その李克強氏の守護霊をお呼びして、お話を伺《うかが》ったのですが（八月十三日、「李克強　次期中国首相・本心インタビュー」を収録）、そのときに、石原知事の尖閣購入《こうにゅう》の話が出ました。それで、李克強氏の守護霊は、「もし、東京都が尖閣を所有して、都知事が上陸しようとしたときには、撃《う》ち落としてやる」と言っていました。

石原守護霊　おう、言うたな。こっちも同じだ。撃ち落としてやる。こっちも撃ち落とす。東京都のものだったら、勝手にうちの島を取るなんて、そんなことは許されないよ。君ねえ、「船は巡視船しかない」と思ったら大間違《おおまちが》いだ。東京湾《わん》クルーズの船ぐらい、いくらでもあるんだからさあ。

武田　（苦笑）そうですね。

石原守護霊　もう、みんな集めて突《つ》っ込《こ》んで行くよ。船のなかに、銃《じゅう》や機関銃を持って乗ってたらいいんだろ？　いくらでも戦えるよ。

6　中国の「海洋戦略」を予測する

日本を舞台《ぶたい》にしてアメリカと戦うことを考えている中国

武田　石原都知事の「中国観」を伺《うかが》いたいのですが、中国に対して、今、どのように考えておられるでしょうか。

石原守護霊　ほんとに、無礼《ぶれい》だよな。傲岸不遜《ごうがんふそん》だ。「よく、あそこまで日本をなめるなあ」っていう感じだな。韓国《かんこく》や中国は、日本のことを「盗人猛々《ぬすっとたけだけ》しい」と言うんだろうけど、それは、こっちの台詞《せりふ》だよ。取りにきてるのは、あっちなんだからさあ。

とにかく、中国は、なんぞというと、すぐ、「南京《ナンキン》事件があただ、こうだ」とか言うけど、今、国民が十三億も十四億もいて、もう、人を減らしたくて、一生懸命《いっしょうけんめい》に間引《まび》いとるんだろう？　一生懸命、〝人殺し〟を奨励《しょうれい》してる国だろ？　それなら、「かつて日本軍が人口を減らしてくれた」っていうのは、〝ありがたい話〟じゃないか。そんな、〝ありがたい話〟を蒸し返すんじゃないよ（注。あくまでも守護霊の言葉。なお、いわゆる「南京大虐殺《だいぎゃくさつ》」については、現在、反日プロパガンダのための虚構《きょこう》とする説が有力視されている）。

つまり、早めに減らしといてやったんだ。これがみんな生きとったら、もっと子孫《しそん》が増えとるんだからさ。「人減らし」が、今、国家の大目標なんだろうからね。

このまま行って、人口が十五億にも二十億にもなったら、食べるものがないから、もう、人間を食うよ。中国文化では人間を食うからさあ、きっと、お互《たが》いに殺し合って、人間を食べ始めるだろうよ。

だから、危ない。自治区の人たちは危ないよ。彼らは、君たちの言うレプタリアン（爬虫類《はちゅうるい》型宇宙人）と変わらないから、まずは、異民族の人間を食べ始めるだろうね。もう危ない。人口が増えると危ないと思うねえ。

要するに、中国は、人口を減らしたくてしょうがないのよ。「核《かく》戦争が起きて、二、三億人でも死んでくれないか」と思ってるのが、彼らの本心だからさあ。

その意味で、「『アメリカが、いい所に原爆《げんばく》でも仕掛《しか》けてくれて、世界の非難を浴び、それで、自分らのほうが、ちゃんと覇権《はけん》国家になれる』というようなシナリオでもできんかなあ」と思ってるのは、だいたい分かってるんだよ。

まあ、日本なんかは、そんな相手じゃない。日本は、演習場っていうか、グラディエーター（剣闘士《けんとうし》）が戦うローマのコロッセウムのようなものなんだよ。「中国とアメリカは、たぶん、日本列島を舞台《ぶたい》にして戦うことになる」と考えとるんだと思うよ。

彼らには、日本が、ローマの闘牛場ぐらいにしか見えとらんのだろう。生意気だけどもな。要するに、「お互いの国土が傷つかんようにするには、日本を舞台にして戦うと、ちょうどいい」と、たぶん思うとるんだろうね。

まあ、そのへんが、試《ため》し合いだね。それで、日本人が死んで、日本の国土が傷ついても、自分らには関係がないからね。さらに、（朝鮮《ちょうせん》半島の）三十八度線のように日本が分かれたら、いいんだろ？「うまく行って、九州ぐらいまで取れたらいいなあ」と思うとるんだろうと思うけどね。

まもなくフィリピンやベトナムに中国の軍事基地がつくられる

武田　中国が、そのような行動に出てくるのは、いつごろであると想定していらっしゃるのでしょうか。

石原守護霊　中国は、フィリピン、ベトナムにまで手を出して、着々と進んできてるから、「まっすぐ日本に来る」と思わないほうがいいよ。フィリピン、ベトナムのほうまで行って、あちらのほうを取り、両方から挟《はさ》もうとしてるからね。

あんたがたは、「中国は日本海側から来るものだ」とばかり考えてるけど、東南アジアのほうを押《お》さえることができれば、太平洋側からも来れる。日本としては、中国の原潜《げんせん》とかが太平洋側から寄ってきたら、けっこう厳しいよ。日本の重要施設《しせつ》は、ほとんど太平洋側にあるからね。

だから、今、「日本海から来るものだ」と思ってるかもしれないけど、そうとは限らないよ。

武田　それは、あと一、二年の間にでしょうか。それとも二、三年……。

石原守護霊　フィリピンは、もうすぐ、中国によって軍事基地化されそうだからね。

武田　はい……。

石原守護霊　今も建設中ですからね。南沙《なんさ》諸島のほうでは、中国が圧勝というか、圧倒的《あっとう》優位《ゆうい》にあるので、もうすでに軍事基地の建設に入ってますよ。

フィリピンは、かつて、今の沖縄《おきなわ》のように、「米軍撤退」を言って、米軍のクラーク基地を追い出しちゃったから、ほんとは、今、アメリカに助けてもらいたいんだけど、立場的に非常に言いにくいんだよな。

ベトナムだって、アメリカと戦争をして、サイゴンを陥落《かんらく》させ、アメリカ人を五万人も殺し、米軍を追い出したからさあ。ベトナムも、アメリカに助けてもらいたいけど、ちょっと具合が悪くて、頼《たの》みにくーい感じなんだねえ。

武田　そうですね。

石原守護霊　かつて、戦争をして、追い出したところに、「助けてくれ」って言うのがね。枯葉剤《かれはざい》もいっぱい撒《ま》かれてるしね。

しかし、中国側に取られたら、「文句《もんく》は言えない」っていうか、もう、どうしようもないような状況《じょうきょう》になるな。中国は、フィリピン、ベトナム辺《へん》に軍事基地をつくることができれば、今度は、太平洋側から日本を攻《せ》めることができるようになるわねえ。

つまり、「グアムから、日本を防衛するアメリカ」対「ベトナムやフィリピンあたりから、日本を攻撃《こうげき》してくる中国」ということになったら、非常に難しい関係になってくるだろうな。

向こうは、ある意味で、日本海から太平洋までの「日本包囲網《ほういもう》」を、海の側からつくろうとしてるわけだ。日本に、輸入品が入ってこない状況をつくってしまえば、日本は完全に干し上がるからね。

そらあ、皇居の堀《ほり》を埋《う》めるのと、ほとんど同じ現象が起きるわな。皇居の堀がなくなったら、とたんに、警官の数をものすごく増やさないと大変なことになるだろう？　あの堀で、そうとう助かってるんだからさ。忍者《にんじゃ》でなきゃ、あの堀は泳いで渡《わた》れないよな。

武田　そうですね。

石原守護霊　今なら、警官の数が非常に少なくて済むし、交番も橋のところだけで済んでるけど、いわば、あの堀を埋められるような感じになるわけよ。

フィリピンは、もう、中国の軍事基地をつくられるのは、ほぼ確実だよな。中国は、フィリピンを押さえることによって、日本への威嚇《いかく》ができると同時に、「台湾《たいわん》挟み撃《う》ち作戦」、および、「沖縄挟み撃ち作戦」が可能になるね。

海南島《かいなんとう》と、フィリピンの南沙諸島の基地とで挟めば、台湾だって、沖縄だって、取れないことはないと思うなあ。

尖閣《せんかく》問題は中国の「陽動作戦」にすぎない

武田　そうしますと、石原都知事は、「沖縄や台湾よりも先に、中国は、まずフィリピンを押さえてくるだろう」と考えていらっしゃるわけですね？

石原守護霊　うーん、フィリピンやベトナムは、もう臨戦態勢に入ってるけど、日本は、外務省なんかに任せてたら、もう、何にもしないよ。彼らには、何の戦略性もないからね。

中国は、尖閣《せんかく》諸島で引き付けてるけど、ほんとの狙《ねら》いは違《ちが》う。尖閣なんて、いつでもいいんだよ。「尖閣防衛」っていうことで、日本の自衛隊と防衛省の意識を尖閣諸島に全部集めておく。

あんなねえ、人が住まんような、アホウドリが住んでるような所に、大した値打ちがないのは分かってるさ。海底資源を掘《ほ》るにしたって、金がすごくかかるからさあ（笑）。

武田　そうですね。

石原守護霊　ものすごく大きなプロジェクトをやらないと、海底資源なんか採《と》れやしない。魚ぐらいだったら、どこにでも泳いでるよ。

だから、あれは陽動作戦だ。中国は、あれで、日本の意識を全部、尖閣に引き付けといて、実は、挟み撃ち作戦で、今、東南アジアのほうを押さえに入っている。

こちらを中国に先に押さえられたら、日本の企業《きぎょう》は全滅《ぜんめつ》するよ。

日本の工場は、たくさん中国に来てたけど、今、人件費が上がってきているので、けっこう危ないし、中国は、その気になれば、日本の現地工場を没収《ぼっしゅう》することもできるからね。「中国企業にしてしまえ！」と言って、全部、押さえることができる。

さらに、日本の産業は空洞《くうどう》化してきてるからね。日本の人件費は高いから、タイとか、東南アジアのほうでつくってるけど、そちらのほうも、全部、中国に押さえられたら、平和裡《り》に外注して安くつくってた分が、全部、止まってくるわね。

それと、台湾まで押さえられたら、原油が入ってこなくなるよ。南回りでオーストラリア経由で来ようとしても、フィリピンやベトナムまで中国に押さえられると、日本は、そんなに安全ではなくなるね。シーレーン（海上交通路）が、「インド洋のほうからも来れないし、南のほうからも回れない」っていうことになればね。

まあ、そういうことで、極《きわ》めて危険だと思うよ。

7　大江健三郎《おおえけんざぶろう》氏に対して言いたいこと

秦　そうした状況《じょうきょう》のなか、現在、日本では、「脱《だつ》原発運動」なるものが起きていますが、私たちは、「これは国防の危機につながるのではないか」と非常に危惧《きぐ》しております。

作家の大江健三郎《おおえけんざぶろう》氏が、今、原発反対運動で頑張《がんば》っているのですが……。

石原守護霊　「頑張ってる」って言わないでよ。その日本語は間違《まちが》ってるよ。

秦　そうですね。

石原守護霊　君ね、辞書を引いて、正しく日本語をしゃべってください。

秦　はい。大江健三郎氏は、今、変なことをしているのですが、これに関して、石原先生のご意見をお伺《うかが》いしたいと思います。

武田　ぜひ一喝《いっかつ》をお願いいたします。

石原守護霊　「早《はよ》う死ね！」って。あれこそ長生きしすぎだ。死んでたら、悪いことをせんで済んだのに、ちょっと長生きしすぎたんだ。お盆《ぼん》だし、早う死ぬほうがいいよ。長生きすると悪さをするし、このままだと売国奴《ばいこくど》になるから、長生きしないほうがいい。

担《かつ》がれて、ええ気になってるんだろう。

アウンサンスーチーとは違うんだ。勘違《かんちが》いするんじゃないよ。「ノーベル平和賞を取ったのは同じだ」と思うとるのかもしらんけども、いや、文学賞か。何？　ノーベル文学賞を取って、もしかしたら、次、ノーベル平和賞も取りたいんじゃないか。

秦　なるほど。

石原守護霊　年を取ると、欲の塊《かたまり》になるから、気をつけないといかんのよ。あれは、もう、欲の塊なんだよ。「これで、『日本の原発ゼロを達成したノーベル文学賞作家』ということになれば、次、ノーベル平和賞も来るかもしらんなあ」と思ってるんだろうよ。どうせ、そのくらいの〝ボケ老人〟なんだ。たぶん、痴呆症《ちほうしょう》が始まってるんだよ。もう、早う死んだほうがいいな。ああいう〝ポンコツ〟は要《い》らん（注。これも、あくまで守護霊の言葉である）。

私のように、頭がまだ鋭敏《えいびん》な人間だけが生き延びとればよろしいのであってね。

まあ、「老人が頑張るのはいいことだ」と私は思ってるけども、老害は駄目《だめ》だよ。
大江は駄目だ。あれはもう駄目だ。〝ポンコツ〟だ。〝ポンコツのロボット〟は、
早く廃棄《はいき》処分にしなきゃいかんな。

8　中国の軍拡から日本を守るには

中国は二〇一六年までにアメリカと拮抗《きっこう》する？

秦　ところで、先ほど、お話のあった中国については、「二〇二〇年ごろには、軍事力においても、アメリカに追いつくのではないか」という説も出ています。今、日本の危機が本当に迫《せま》ってきていると思うのですが……。

石原守護霊　いやいや、二〇二〇年っていうのは嘘《うそ》でね。それは表向きで、本当は二〇一六年ぐらいを狙《ねら》ってる。

秦　もっと早いわけですか。

石原守護霊　ええ。中国は、二〇一六年ぐらいで、アメリカと拮抗《きっこう》するのを狙ってる。アメリカ本土を占領《せんりょう》するような力はまだないけれども、少なくとも、アジア中心の太平洋地域では、二〇一六年ぐらいまでに米軍を凌駕《りょうが》するつもりでいるから、彼らは、「あと三、四年で、米軍を追い出せるぐらいの力を持てる」と思ってるね。

それには、日本を事実上の植民地化してしまうのが、非常に有効だろうね。日本には、中国から帰化したような中国寄りの人が、いっぱい生きていらっしゃるし、中国が経営してるような新聞社やテレビ局もあるからねえ。

武田　そうですね。

石原守護霊　文化人も、ほとんど中国びいきだしね。財界も、ほとんど、「中国から儲《もう》けをもらってる」と思ってるような人たちで、いずれ、工場を没収《ぼっしゅう》されるのを、全然、予想してない、脳天気な人ばっかりだからさ。うーん。
まあ、中国は、二〇一六年ぐらいで追いつくことを考えてるんじゃないかな。

秦　そうすると、残り時間が非常に少ないわけですが……。

石原守護霊　だから、私で間に合うのよ。ちょうど私ぐらいでないと、中国に太刀《たち》打《う》ちできないのよ。

二〇二〇年までに、米軍をハワイまで撤退《てったい》させたい中国

武田　では、先ほどおっしゃっていた「フィリピンの軍事基地化」などは、それより前になるわけですね？

石原守護霊　もう、やられてるよ。

武田　来年とか、再来年《さらいねん》とか……。

石原守護霊　もう、事実上、やられてるんだ。だって、フィリピンから追い出された米軍が、フィリピンの奪還《だっかん》を自分からやるわけにもいかんでしょう？　向こうから強力な依頼《いらい》でも受けないかぎりね。

それに、今のアメリカの軍事事情を見ると、アメリカは、イラク撤退《てったい》をやって、アフガン撤退をやって、どんどん引いていこうとしてるからねえ。沖縄《おきなわ》だって、流れ的に見れば、いずれ撤退の流れが出るだろうと思うよ。このまま行ったらね。

アメリカは、だんだん縮めていこうとしているから、グアムまで撤退したら、次にはハワイまで撤退するだろう。そういう流れができてるので、中国は、「これを二〇一〇年代に完成させたい」と思ってるよ。

つまり、二〇二〇年までには、アメリカ軍をハワイまで撤退させたいだろうと思うんだよ。「そこまでの制海権を中国が握《にぎ》ってる」っていう状態にしたいだろうね。

日米同盟を堅持《けんじ》しつつ、「首相による解釈《かいしゃく》憲法」で対応せよ

武田　石原都知事は、沖縄の米軍基地問題、あるいはアメリカとの関係について、どのようにしていけばよいとお考えでしょうか。

石原守護霊　現時点では、日米同盟がないと、さすがにもたんなあ。現状分析《ぶんせき》をするかぎり、どう見ても、そうだわな。

ただ、日本も、アメリカに占領された国であることは事実なので、やっぱり、独立はしなければいかんね。

すなわち、日本としての国家主権の確立と、軍隊の自主的発動はできるようにならなきゃいけないし、その前の段階で、日米共同で軍事行動が取れるようにならなきゃいけないな。その意味で、「集団的自衛権」は当たり前のことだし、やっぱり、

日本単独でも、自衛できるようにしなきゃいけないよね。
まあ、ほんとは、ちゃんと憲法改正にかからなきゃいけないんだけど、それができない場合でも、首相の解釈《かいしゃく》改憲でやれないことはない。憲法だって、解釈でいくらでも変えられるので、首相が、解釈改憲で、「日本国憲法は、正当防衛まで放棄《ほうき》する趣旨《しゅし》ではない」と言えば済むことなんだ。

武田　そうですね。

石原守護霊　それで、「これは正当防衛である」って言えば、済むことなんだよ。そうすれば、もし、中国が、尖閣《せんかく》諸島とかを占有して旗を立てたら、いつでも中国を攻撃《こうげき》していいことになりますよ。
それは、「他人が庭のなかに入ってきて、勝手に家を建てられた」っていうのと一緒《いっしょ》ですからね。いつ、それを叩《たた》き壊《こわ》そうと、こちらの自由だよ。

中国は、わしが何かしたら、「一発で仕留めてやろう」と思ってるかもしらんけど、こちらは、「中国が入ってきたら、引っ捕《と》らえてやろう」と思ってるからね。まあ、このへんは知力戦だわな。

だから、ほんとは、もう、首相なんか関係なくて、「わし」対「中国」、「わし」対「韓国《かんこく》、北朝鮮《きたちょうせん》」なんだよ。現実はね。今、世界はそう動いとるんだよ。

武田　なるほど……。

9 韓国《かんこく》の「本音《ほんね》」を見抜《みぬ》く

日韓《にっかん》基本条約で決着した問題を蒸し返す韓国

武田　今、ちょうど話が出ましたので、韓国《かんこく》についても、ご意見を伺《うかが》いたいと思います。

石原守護霊　うんうん。

武田　先日、韓国の李明博《イミョンバク》大統領が竹島《たけしま》に上陸しましたし、新聞では、「李明博大統領は、明日《あした》（十五日）、声明を発表する」と報道されています。「日本が、慰安婦《いあんふ》問題や教科書問題について、いつまでたっても謝罪しないので、日本に対して謝罪を求める演説をする予定である」というようなことも言われていますゝ（注。十五日の光復節《こうふくせつ》の式典で、李明博大統領は、慰安婦問題について、「日本政府の責任ある措置《そち》を求める」と述べた）。

石原守護霊　何だかねえ、あの大統領は、自分のことを二十歳《さい》ぐらいのつもりでいるんじゃないかなあ。

武田　ああ。

石原守護霊　だから、今までの日韓の歴史を、もう一回、ちゃんと勉強してもらわないといかんな。いったい、何回、同じことを言ったら気が済むのか。何回も何回も同じことを言うのは、ボケ老人か、本当にものを知らん若者か、どっちかしかいないんだ。

そういう問題は、日韓基本条約を結んだときに、もう全部終わってるんだよ。そういう補償《ほしょう》問題等も、全部、けりがついてるんだ。あれは一九六五年だったかな？日韓基本条約を結んだときに、「もう、これで全部終わりにしましょう」ということになっている。

だから、あとは向こうの国内での補償問題なのに、金があるのかないのか知らんけどさ、「日本からもらえ」って言うんだろう？それだったら、日本に帰化しなさいよ。なあ？日本に帰化して、日本に金をもらいに来るのなら分かるよ。日本では、生活難だったら補助金が出るからさ。生活保護所帯と認定されたら、ちゃんと健康で文化的な最低限の生活は保障されるようになってるからさあ。

「従軍慰安婦《いあんふ》」など、歴史的には存在しなかった

石原守護霊　そもそも、従軍慰安婦《いあんふ》っていうのは、なかったんだよ。そんなもの、軍にはありませんのでね。

それは、従軍慰安婦ではなくて、「軍隊が常駐《じょうちゅう》している所の近くに、民間業者が、そういうものを営《いとな》んでいたという事実があった」というだけのことだよ。「従軍慰安婦」って言うんだったら、軍の命令で動かなきゃいけないけれども、軍属じゃありませんからね。彼らは公務員でも何でもないので、歴史的には、そういうものは存在しない。ニーズがあるところに、商売に行っただけのことだからね。

韓国の業者と、もちろん日本の業者も関係はしただろうけれども、そうした風俗《ふうぞく》業者が金儲《かねもう》けのためにやったことですよ。つまり、それは、商行為《しょうこうい》としてやったことであって、いまだに韓国人キャバレーが新大久保《しんおおくぼ》にいっぱいあるのと同じだよ。いまだにやっとるじゃないか。言っておくけど、あれは従軍慰安婦じゃないぞ。

武田　そうですね。

石原守護霊　あれは商行為でやってるものであって、合意の上でやってるんだよ。

だから、彼らが文句《もんく》を言ってるのは、「日本が負けたことによって、本来もらえる金を取り漏《も》らした」ということだろうと思うんだよな。

軍人さんからは、現金の代わりに軍票《ぐんぴょう》（軍が通貨に代えて発行する手形）っていうものをもらうんだけど、日本軍の崩壊《ほうかい》によって、その軍票がお金に換《か》わらなくなってしまった。そのことに対する損害賠償《ばいしょう》を求めているんだと思うんだよな。だけど、彼ら（韓国人）は、その当時、日本人だったわけだからね。日本人として、大東亜《だいとうあ》戦争に行っていたのであって、別に、日韓が戦ってたわけではないんだよ。

韓国からは日本軍に兵隊も出てたので、もしかしたら、慰安婦だって、韓国人の相手をしていたかもしれない。

だから、それは、国内問題として、本来、韓国政府に請求《せいきゅう》すべきものであるし、「もう金がない」という情けない政府なんだったら、日本に帰化して、「私たちは日本人です。日本人として、生活保護をしてください」と申し出るべきだよな。

武田　そうですね。

石原守護霊　それだったら、ちゃんと出してくれるんじゃないか。だって、韓国人には金を払《はら》えないじゃないか。どうやって払うんだよ。何の名目で払うんだ？　払いようがないし、たぶん、証明するものなど、一切《いっさい》ないんだろうからさ。

そういうものが何もなくて、ただ、「私は従軍慰安婦だった」っていうことを口で言ってるだけだろう？　嘘《うそ》か本当か分からないよ。だって、韓国人や中国人っていうのは、嘘つきの塊《かたまり》じゃん。正直な人は一パーセントもいたらいいほうで、九十九パーセントは嘘つきなんだからさ（注。これも石原守護霊の見解である）。

武田　（苦笑）いやあ……。

石原守護霊　これはもう、ゆすりたかりと一緒《いっしょ》だから、そんな輩《やから》の口だけを信じて、金をばら撒《ま》いてたら、いくらでも取られるよ。「ぼったくりバー」を相手にしてるようなものだからさあ。「金がある」と思ったら、いくらでもむしり取っていくから、もう聞いちゃいけないと思うなあ。

武田　そうですか。

日本は「かつての宗主国《そうしゅこく》」として威厳《いげん》を持つべきだ

石原守護霊　李明博の人気が落ちてるのは分かるけどさあ。身内が逮捕《たいほ》されたり、側近《そっきん》が逮捕されたりして、レームダック（死に体）になっている。「もうすぐ大統領の任期が終わる」ということで、人気ががた落ちになっている。

自分の所属しているハンナラ党（現在はセヌリ党）だか何だか知らんけど、そちらからも、だいぶ見放されてきてるような状況《じょうきょう》だから、スタンドプレーとして竹島上陸をやったのを、「三年前から考えていた」とか、いろいろ言い訳をしてるんだろうね。

そして、「日本が、『今後、巡視《じゅんし》船を出す』というのなら、さらに実効支配を強めていかなければならんが、日本がおとなしくするんだったら止《と》めてやってもいい」みたいなことを言ってみたり、いろいろと偉《えら》そうなことを言っている。夜郎自大《やろうじだい》（自分の力量を知らずに、威張《いば》っている者のこと）っていうのは、このことを言うんだよ。

だから、李明博って呼ぶのをやめて、「夜郎自大大統領」と呼んだらいいよ。「あの夜郎自大が」って、隠語《いんご》で呼んでやったらいい。実に、当たってると思うなあ。

武田　ただ、やはり、韓国国民自体も、従軍慰安婦の問題や竹島の問題について、かなり反日的な教育を受けており、若者を含《ふく》めた戦後世代は、それを当たり前のように考えていて、常識化しているわけです。これについては、どのようにしていくべきだと思われますか。

石原守護霊　うーん……。韓国っていうのは、ほんとは、頭を殴《なぐ》ってやらないといかんぐらいだけどねえ。

まあ、とにかく、北朝鮮《きたちょうせん》は、人類最低の生活をしてるような、ひどい国家だけども、韓国っていうのも、これまた、ひどい洗脳国家でね。

武田　ええ。

石原守護霊　自分たちの文化を発信するのはいいんだが、自分たちの国に入れるほうはチェックしていて、かつての中共やソ連が、「アメリカ文化が入ったら堕落《だらく》する」みたいなことを言ってたのと同じように、「日本文化が入ったら堕落する。日本に汚染《おせん》されないように」なんて言っている。そして、自分らの文化だけを売ることに専念してるんだな。

まあ、「甘《あま》え」と言えば、「甘え」なんだろうとは思うけどさあ、ちょっと甘えすぎてるよ。

はっきり言えば、日本はねえ、イギリスが大英連邦《れんぽう》を経営したときのような、そうした宗主国《そうしゅこく》としての威厳《いげん》を、もうちょっと持たないといかんと思うなあ。

「竹島《たけしま》は日本領」と認めているも同然の韓国《かんこく》の態度

石原守護霊　韓国《かんこく》の言ってることは、基本的に間違《まちが》ってるんだからさあ。

竹島《たけしま》については、江戸《えど》時代から日本に領有権があったことは、もうはっきりしてるんだから、正々堂々と国際司法裁判所で判断してもらえばいいんだけど、韓国は、過去に二回拒否《きょひ》してて、今度の三回目も、どうせ拒否するんだろうけどさ。

なぜ拒否するかと言ったら、審判《しんぱん》をされた場合、「竹島は日本領である」っていう判断が出るのが決まってるからだよ。

もし、本当に韓国領なんだったら、堂々と審判を受けたらいいじゃないか。そして、国際司法裁判所が「韓国領だ」って言ってくれたら、何の紛争《ふんそう》もなく終わるだろうよ。

武田　そうですね。

石原守護霊　受けたらいいじゃない。「受けられない」っていうことは、「日本領だ」ということだよ。つまり、「日本領だということを、韓国政府も知っている」ということだよ。要は、それを知ってて竹島を不法占拠《せんきょ》してるわけだ。

武田　はい。

石原守護霊　それで快感を味わってるわけだからね。まあ、言ってみれば、彼らのやってることは、学校の校則を破って、授業時間中に遊び回っている中学生や高校生と変わらんのだよ。まあ、そういうことだ。

「昔、韓国は、日本に国ごと取られたんだから、島ぐらい取ったっていいだろう」っていう、この程度のざっとした考えなんだと思うな。

韓国は、日本と独立戦争を戦って、それに勝って独立したわけじゃないからね。日本が一方的に領有を放棄《ほうき》したことによって独立できたんだからさ。だから、日本が放棄していない部分については、日本のものであるわけだ。日本は、竹島を放棄していないんだから、そこを間違っちゃいけないね。

日本の政治家は「ディベート能力」を磨《みが》かないといけない

石原守護霊　もうちょっと口を鍛《きた》えないといかん。ディベート能力を磨《みが》かないとなあ。

武田　それは、「日本の政治家が」ということですね。

石原守護霊　うん。日本の政治家は、もうちょっと明瞭《めいりょう》な言葉を使わないといかんな。「まことに遺憾《いかん》です」とか、ああいう言葉は、何て訳されてるやら分からないからね。

武田　そうですね。

石原守護霊　「ごめんなさい」って訳されてたら、どうするんだよ。「まことに遺憾です」って言ったのを、“We《ウィー》 are《アー》 sorry《ソーリー》.”（ごめんなさい）って訳されてたらどうするの？

武田　そうですねえ。

石原守護霊　ねえ。

はっきりと〝You《ユー》 are《アー》 bad《バッド》！〟って言わないといけないんだよ。なあ？　言葉を、もうちょっと上手《じょうず》に使わないといかんな。

だから、日本が国際司法裁判所に提訴《ていそ》しても、韓国が「受けられない」と言うのなら、「竹島は日本領だ」ということが確定するわけなんだよ。ねえ。

武田　はい。

石原守護霊　確定だよ。利害関係人以外の正当な第三者が判定すれば、「日本領だ」ということは確定するんだよ。

だから、「審判を受けられない」ということは、「日本領であって、韓国領ではない」ということだと、韓国の国民にも本当は分かるんだよ。分かるけれども、日本領を占拠できる韓国の軍事的実力が、うれしくてたまらないのよ。

それは、自分の家の犬が、隣《となり》の家に忍《しの》び込《こ》んで、隣の家の犬の餌《えさ》を食って帰ってくるのを見て、すっきりして喜んでる飼い主みたいなもんだわな。

隣の家との間の塀《へい》に穴があいてて、その穴から、自分の家の犬が隣に入っていき、餌が出たときに、それを先に食って帰ってくるのを見て、拍手喝采《はくしゅかっさい》し、「よくやった！」って言って喜んでるような、まあ、そんなレベルだな。

もし、隣の家の犬が入ってきて、自分の犬の餌を盗《ぬす》み食いしてるんだったら、その場で射殺しないといかんよな。そんなことをして喜んでいるようなやつらは、ちょっと根性《こんじょう》を叩《たた》き直してやる必要があるよ。

竹島には、韓国の武装警官などが大勢いると思うけど、自衛隊の空挺《くうてい》部隊が、夜、竹島に降りていって、彼らを一斉《いっせい》逮捕すべきだと思うな。それをやらないといかん。

武装警官だろう？　だったら、空挺部隊が戦わなきゃいけない。この程度は、やらなきゃいけないよね。

武田　必要なことは、口を鍛えることと、あとは行動ですね。

石原守護霊　当ったり前だよ。

武田　実行ですね。

石原守護霊　竹島を実効支配してたはずなのに、ある日、突然《とつぜん》、竹島にいた武装警官が一人もいなくなって、「どうしたんだろう?」と思ったら、海のど真ん中で、裸《はだか》で泳がされるような状況になってて、逆にこちらが、「サメから守ってやる」っていうぐらいにしないと、いかんのじゃないかなあ。

10 「幸福実現党」と「幸福の科学」への批判

まだ、「政党としての判断機能」がないように見えている

秦　それでは、ぜひ、石原先生にお訊《き》きしたいのですが。

石原守護霊　「先生」ときたか。君、なかなか分かってきたじゃないか。うん？

秦　はい。幸福実現党のことをご存じだとは思うのですけれども……。

石原守護霊　ああ、知ってるよ。

秦　石原先生は、どのように見ておられますでしょうか。

石原守護霊　うーん。まあ、いいことは言ってると思うんだが、「政治」にまではなってないんじゃないかなあ。いいことは言ってるよ。だけど、政治にはなってないなあ。

ましてや、政党としての活動は、うーん……、まあ、「学生活動の延長」ぐらいの感じかなあ。

まだ、プロ化してないよねえ。

武田　「政治になっていない」とは、どういうことでしょうか。

石原守護霊　つまり、政治的なセンスのところがなってないんだよなあ。うーん。これだったら、「言論人の世界」の延長だな。まあ、大江健三郎《おおえけんざぶろう》もそうかもしれないけど、言論人が「デモの主催者《しゅさいしゃ》」みたいなふりをして話すレベルに見えるよ。大川隆法さんの著作に基《もと》づいて動いてるだけにしか見えないんでな。「いろんなものを判断して、処理していくような『政党としての機能』はないんじゃないか」という感じだな。

例えば、「こういう困った問題があるんです。これは、どうしたらいいんでしょうか？　政治処理してください」とか、「これに予算を付けてほしいんです」とか、国民からいろんな声が寄せられても、「どうしたらいいか、まったく判断機能がないレベル、行動できないレベル」にあるんじゃないかと思う。

だから、作家のファンクラブが、あるいは、サッカーのサポーターが動いてるようなレベルで政党運営がなされているように見えるなあ。ちょっと残念だが、今のままでは、政治的な「何か」が変わることはあるかもしらんけど、戦力としてはカウントできない。時代風景として、ちょっとはそれらしい雰囲気《ふんいき》を醸《かも》し出す役割にはなっているぐらいかなあ。

幸福実現党には「自分の頭で考えられる幹部将校」がいない？

秦　幸福実現党が、そういった力を持つために、何かアドバイスを頂けますでしょうか。

石原守護霊　まあ、だから……、これはまことに言いにくいけども、君たちはねえ、「働きアリ」みたいに見えるっていうかさあ。ほんとは「軍隊アリ」と言ってやりたいんだけど、「軍隊アリ」なら戦わなきゃいけないのに、君たちは戦えないからな。かわいそうだが、「働きアリ」ぐらいなのでね。

まあ、「女王アリ」のために働いているんだろうけども、一生懸命《いっしょうけんめい》、健気《けなげ》に砂糖の切れっ端《ぱし》を運んでるのは分かるんだけどさあ。上から見とりゃあ、なんか（笑）、「ただただ、砂糖の切れっ端を運んで、蔵に貯《た》めてる」というようにしか見えないなあ。

かわいそうだけど、〝兵隊〟しか存在してないんじゃないかなあ。自分の頭で考えられる〝幹部将校〟がいないんじゃない？

武田　うーん。

石原守護霊　うん、全然。兵隊しかいないんじゃない？　ここがいちばんの問題だろうね。

武田　ただ、先生の政策提言をはじめ、党の施策《しさく》や発信内容などは、今、国に大きな影響《えいきょう》を与《あた》えています。

石原守護霊　「先生」って、誰《だれ》？　どっちのこと？

武田　大川隆法総裁です。

石原守護霊　ああ、そっちのほうか。いやあ、だから、個人でもできるのよ。あとはねえ、（幸福の科学が）儲《もう》かりすぎてるからさあ、ご飯にありつくために存在しているようにしか見えんわなあ。

あのくらい、私なら、一人でやってしまうことだからね。私なら、一人で過激な発言をして、国を動かしますよ。だから、（幸福の科学も）大川隆法一人が過激な発言をして、国を動かせば済むことですからねえ。

だから、その他は、やっぱり、給料をもらうために存在しているんじゃないの？　はっきり言って、そう見えてるよ。

残念だけど、宗教を信じない人からは、「宗教団体というのは洗脳された団体で、その信者は自主的な行動を何も取れない」っていうふうに見えてるわけよ。だけど、自分たちには分からないんだよ。

「立党せずとも、大川隆法の言論だけで十分だ」という主張

秦　では、その大川隆法総裁については、どのように見ておられますか。

石原守護霊　まあ、宗教に対しては、やっぱり、私は一定の畏敬《いけい》の念を持っているからさあ。批判をすれば罰《ばち》が当たるから、そんなことは言いませんけどね。言いませんけど、うーん……、うーん……。そうだねえ。

でも、直接、政治をやったのがいいことかどうかは、微妙《びみょう》なところだね。

もうちょっと「使える人」がいるんだったら、やってもよかったかもしれないけども、「使える人」がいない状態で政党をやったために、やっぱり、消耗《しょうもう》戦になってしまっているような感じに見えなくもないな。

だから、言論だけで十分じゃん。政治的な意見を、自分で本にして出して、発言すれば、まあ、十分やれると思うよ。

あとの人は、もう、いてもいなくても、ほとんど一緒《いっしょ》だと思うんだ。ほんと、そうだと思うわ。

要するに、お金を消化しているようにしか見えないな。東京都庁で言やあさ、予算の消化のために土木工事をやってるような雰囲気に見えるわな。

残念だけど、政党のほうには力がないね。うん。

秦　まだ、今は発展中の段階ではありますので、努力していきたいと思っています。

石原守護霊　発展中じゃないのよ。全然発展してないよ。もとから全然発展してないね。彼らはもう、定年まで給料をもらえたらいいのよ。ただただもらえたらいい。

基本的に、責任さえ取らされなければいいのよ。

いやあ、これでは駄目《だめ》だわ。情報発信力としては、ものすごく低い。

そういう意味で、「(大川隆法が) 自分自身で、学校や講演会、政党と、一人で何役もやろうとしても、残念ながら、できないでいる」というようにしか見えませんねえ。

これだったら、基本的には、私みたいに、「作家兼《けん》政治家」として、本を出しながら、個人で政治家をやったほうが、よっぽど早いんじゃないかね。

あとの部分は要《い》らないよ。これ（政党）にエネルギーを吸い取られるので、切ったほうがいいんじゃないかなあ。（大川隆法は）今の力量だったら、議席がなくても、ちゃんと大臣にしてくれるよ。大臣になって、言いたいことを言ったらいいんだよ。

だから、あとの部分はエネルギーを消費してるんでないか。あんたがたは〝消費者団体〟を抱《かか》えてるんだよ。うん。

自分らで「幸福欠乏《けつぼう》党」っていうのをつくってるんだよ。

組織運営のために費《つい》やすエネルギーが多すぎるという〝重荷〟

武田　確かに、既存《きぞん》の政党のような動きができていないかもしれませんが……。

石原守護霊　全然できてないね。

武田　ただ、正論を吐《は》き続けるだけでなく、実際に、言ったことの責任を取るための受け皿となるべく、われわれも反省し、これから成長してまいります。
　われわれも、今、先生がおっしゃったような政治力を、実際に発揮できるようになっていかなければならないと思っています。それこそ、「言行一致《げんこういっち》のできるような団体に変わっていきたい」と、今、思っているところです。

石原守護霊　うーん。

武田　でも、現実的には、大川隆法総裁のおっしゃっている方向や、党が発信している内容の方向に、今、世の中が動いてきていますので、「必ずや、国民も気づき、受け入れてくださる日が来る」と信じています。

石原守護霊　残念だけど、（大川隆法は）エネルギーを組織の運営でほとんど消費しているように、私には見えるね。政治家をやろうとすればできる能力を持っておりながら、組織運営にエネルギーを消費している分、それができないでいるような気がする。

だから、私が政治家をしながら作家もやれるように、組織運営のエネルギー部分が要らなくなれば、おそらく、本を出しながらでも、政治ができると思うよ。

その組織運営のために費《つい》やすエネルギー、すなわち、「彼らにご飯を食べさせなきゃいけないためにやってること」が多すぎるわな。「そういう意味での〝重荷〟がそうとうある」と見てるよ。

武田　はい。

石原守護霊　また、マスコミとの戦いだ何だと、いろいろと余計なことが起きてくるしなあ。そんなものも出てくるので、「よっぽど、出来の悪い弟子《でし》をいっぱい抱えてるんだろうな」と思うよ。

だから、政治団体としても駄目《だめ》だけども、宗教としての機能も、やっぱり落ちるなあ。

宗教だったらねえ、教祖を護《まも》るために、もうちょっと、ちゃんとやらなきゃ駄目なんだけど、教祖に戦わせてるじゃないの？　ほんとにこれは駄目な弟子だわ。こういう弟子は、あんまりいないほうがいいんじゃないか。

なんて言うの？　「弟子の不始末を教祖が後始末している」というような状況《じょうきょう》に見えるわな。

武田　そう見えますか。

石原守護霊　見えますねえ。マスコミとの戦い方を見たらね。こんなのねえ、弟子が片付けなきゃいけない問題なんですけど、それを教祖に戦わせてるので、あんたがた、本当に、ぶら下がりになってると思うわ。

次の選挙で議席が取れなければ解党すべきなのか

石原守護霊　だからねえ、私が見るかぎり、大川隆法っていう人は、愛を説いてるのかもしれないけども、その「与える愛」の思想がねえ、才能の蕩尽《とうじん》……、「蕩尽」っていう言葉は分かるかな？　「無駄に使う」という意味なんだが、「才能の蕩尽になってる」というふうに思うなあ。

（幸福実現党は）次も衆議院選に出るのかもしらんけど、それで一議席も取れんのなら、もう、店を閉めたほうがいいよ。政党を閉めたほうが、マスコミの評判もグッとよくなるからな。グッと評判がよくなって、「既成政党の応援《おうえん》に回る」っていうならば、政治のほうも、今度は宗教を護るようになるし、宗教団体に対して頭を下げてくるようになる。

だから、今度、「弟子たちの力では、全然、議席が取れない」っていうんなら、もうやめたらいいと思う。

残念だけどね、あなたがたの活動のなかに、「相手の気持ちが全然分からない」っていうか、人の心が読めない〝ゾンビ軍団〟みたいに見えるところがあるのよ。

武田　うーん……。

石原守護霊　むしろ、いないほうが評判が上がるのよ。

（大川隆法には）作家としての才能があるんじゃないの？

だから、自分で書きたいことがあれば、政治テーマでも、何のテーマでも構わないから、書いたらいいじゃないの。作家で書くにしたって、霊感《れいかん》がある作家っていうのは、本当は、非常にすごいことなんだ。それでも十分なんでね。あんたがたの、この幸福の科学と幸福実現党の組織は、はっきり言って、教祖の足を引っ張ってるよな。これがなかったら、どれほど楽か。自民党にでもスカウトされたほうが、よっぽどよかったんじゃないかな。そんな感じがするわ。

武田　ただ、大川総裁は、政治家になることを目的とはしておりません。国師《こくし》として、国を新しい方向へ導くとともに、ワールド・ティーチャーとして、世界を正しい方向に導かんとしているのです。要するに、目的が違《ちが》いますので、取るべき手段や戦略も変わってくるはずです。

石原守護霊　うん。目的が違うのは分かったから、次の三回目の選挙（二〇〇九年、幸福実現党の立党以来、衆院選・参院選に、それぞれ一回ずつ参戦）で一議席も取れないなら、政党は解散しなさいよ。もうお金の無駄だからな。要するに、「お金」と「評判」を落とすためだけにやっているんだから、やめたらいいよ。

「解党したほうが、他党の協力が集まるだろう」とのアドバイス

石原守護霊　意見を出すだけだったら、「言論・出版の自由」があるんで、いくらでも出せるからね。それは、あんたがたのなかの編集局や広報局の仕事で十分だ。他の政党が頭を下げてくるから、（宗教としては）そのほうが威張《いば》れるのよ。

宗教が、政党を直接に持たないで、要するに、「自分たちのライバルにならないで、応援してくれる」というのなら、いろんな政党がみんな頭を下げてくるから、そのほうが強くなれるのよ。

だから、自分らで政党をやって負けることで、恥《はじ》をかきながら、力を削《そ》いでいるのでね。まあ、「今回が最後だ」と思ったほうがいいよ。

武田　しかし……。

石原守護霊　これだけね、世間《せけん》があなたがたの主張の方向に動きながら、それでも議席が取れないのなら、もう、やめたほうがいい。残念だけど、政治家としての才能のない人たちが集まってるのよ。残念ながら、才能がないんだ。

宗教家として才能があるかどうかは分からないけども、まあ、少なくとも、私が見るかぎりは、そんなに傑出《けっしゅつ》した才能がある人はほとんどいないと思うな。残念ながら、ほとんどの人は会社員だと思われる。

厳しかったかな？

武田　石原都知事からの貴重なアドバイスとして、受け止めさせていただきたいと思います。

石原守護霊　いや、私だって、本を書くけどさあ。「その本の収入に基づいて、東京都庁の職員を養わなければいけない」となったら、それはもう死ぬよ。

武田　そうですね。

石原守護霊　そんなことがあったら、君、もう、都庁の大リストラが始まるよ。とてもじゃないけど、あんな、五万だか、二十万だか、ああいう人数を養う気はないね。

だから、思想としては、昔から、会が小さいときから、ちゃーんと日本中に行き渡《わた》ってたんだからさあ。今、弟子のほうは、本当に限界状況に来ていると、私は思うよ。

実績を出さなかったら、弟子は要らない。要らないと思う。

11 石原都知事の意外な「過去世《かこぜ》」

漢詩をつくっていた、中国の有名な詩人

秦　時間がなくなりましたので、最後の質問になりますが、石原都知事の過去世《かこぜ》をお伺《うかが》いしたいと思います。日本のことを思う気持ちが非常に強いことから考えて、日本神道《しんとう》の中心におられる方の一人ではないかと思っているのですが、教えていただけますでしょうか。

石原守護霊　（舌打ち）過去世にはねえ、言っていいものと悪いものと、両方あるんだ。

秦　悪いものもあるのですか。

石原守護霊　うん。言って悪いものもある。

秦　では、いいもののほうからお願いします。

石原守護霊　うーん。いいもののほうか。いいもののほうで言うと、うーん、どれなら言ってもいいかな。（約十秒間の沈黙《ちんもく》）

いいもので言えば、うーん、そうですわなあ、何なら言ってもいいかなあ。神代《かみよ》の時代にも、出ていないわけではないんだけれどもねえ。うーん。ただ、宗教的には、今、仏教系の、ある団体との縁《えん》が深いので……。

武田　そうですね。

石原守護霊　うん。その兼《か》ね合いがあるので、「昔、神道系の何とかの命《みこと》だった」みたいなことは、ちょっと言いづらい感じがあるね。
それと、今の立場的には、ちょっと悔《くや》しいんだけれども、中国人として生まれたこともあるので（笑）……。

武田　ああ。

石原守護霊　それが、ちょっと言いづらくて……。

武田　それは、いつの時代の話ですか。

石原守護霊　ええ？　中国人として生まれたときの名前が有名なもんだから、まずくて、ちょっと言いづらい……。

武田　『三国志』の時代ですか。

石原守護霊　ええ？　いや、そういう軍人じゃなくて……。

武田　治めるほうですか。

石原守護霊　僕《ぼく》は文学のほうで有名なんだよ。

武田　文学ですか。

石原守護霊　うん。そちらのほうで有名だけど、それは、ちょっと言いづらいので……。

武田　そうですか。文学者であれば、そんなに言いづらくないと思うのですが……。

石原守護霊　うーん。あなたがたが大学受験の勉強をしたときに、漢詩を読まされた人の一人だよ。そう思っとりゃいいわ。だから、「中国が文学的に盛り上がったときに、とても有名な詩人だった」ということぐらいは言える。

武田　そうですか。

秦　「王維《おうい》（注。唐《とう》代の高級官僚《かんりょう》で詩人。「詩仏《しぶつ》」と称《しょう》される）」という噂《うわさ》もあったのですが。

石原守護霊　え？

秦　王維という方なのでしょうか。

石原守護霊　ええ？　まあ、知りませんがねえ、その近辺の人たちのなかの一人でしょうよ。ただ、今、中国人の名前を出すのは悔しいので、あまり言いたくはないな。

直前世《ちょくぜんせ》は江戸《えど》幕府の政治顧問《こもん》だった僧《そう》・天海《てんかい》

武田　日本では、どうですか。

石原守護霊　ああ？

武田　日本。

石原守護霊　日本では、だから、「神代の時代には何とかの命《みこと》である」っていうことは言えると思うな。ただ、「それより新しい時代に生まれていないわけでもない」ということも言えるわなあ。

武田　直前世《ちょくぜんせ》は？

石原守護霊　だから、そこが問題だねえ。

武田　そこが問題ですか。

石原守護霊　それはクエスチョンだよな。それは、すごいクエスチョンだな。直前世がクエスチョンだよな。

武田　日本ですか。

石原守護霊　うーん。それは日本。今、日本語を話しとるじゃないか。

武田　ああ。江戸《えど》時代ですか。

石原守護霊　だから、直前世のところがクエスチョンだよな。ドンピシャリと当てた場合以外には答えないよ。ハハハ。

武田　江戸時代でしょうか。

石原守護霊　さあ。そうかもしれないし、そうではないかもしれない。

武田　明治維新のころですか。

石原守護霊　いやあ、そうかもしれないし、そうではないかもしれない。

武田　何かヒントはございますか。

石原守護霊　ない（会場笑）。

武田　政治家？

石原守護霊　霊感《れいかん》で当てる以外には、きっと……。

武田　文学者ですか。

石原守護霊　いや、違《ちが》うな。

秦　家康《いえやす》？

石原守護霊　いや、違う。

武田　儒学者《じゅがくしゃ》ですか。

石原守護霊　いやあ、そうでもないなあ。

秦　天皇ですか。

石原守護霊　天皇？　まあ、気分がいいな。そういう言い方をされると気分がいい。

秦　皇族ではないですか。

石原守護霊　うん？　皇族でもないかなあ。だけど、権力の中枢《ちゅうすう》に近かったのは事実だな。

武田　今のように、外国からのプレッシャーが、何か日本にかかっていたころの方ですか。

石原守護霊　外国からのプレッシャーでもあるけど、国づくり……。

武田　国づくり？

石原守護霊　国づくりには関係した。種を明かせば、いちばん新しいのは江戸時代の初めのころになるかな。僧《そう》の天海《てんかい》（注。天台宗《てんだいしゅう》の僧侶《そうりょ》。徳川家康の側近《そっきん》として幕府の政策に影響《えいきょう》を与《あた》えた）っていうのがおっただろ？　天海っていうのがいて、政治顧問《こもん》だよな。

武田　はいはい。天海大僧正《だいそうじょう》ですね。

石原守護霊　うんうん。徳川幕府の政治顧問で、実力者だわな。僧だから、仏教徒ということになるのかもしらんけれども、坊《ぼう》さんで政治顧問をやって、幕府をだいぶ動かした。初期の幕府をつくるときに、だいぶ力を発揮してた、天海っていうのが、直前の過去世だな。

神代《かみよ》の日本で「命《みこと》」という名で呼ばれていた人物の一人

石原守護霊　あとは、「唐の時代の中国で、有名な詩人の一人であった」ということまでは言うけれども、悔しいから、これ以上は、もう言いたくはない。

武田　はい。分かりました。

石原守護霊　三島《みしま》（由紀夫《ゆきお》の霊）が、自分の過去世として、「何とかの命《みこと》」を主張しとるようだけれども……。

秦　邇邇芸命《ににぎのみこと》です。

石原守護霊　それを言うなら、私も、「何とかの命」という名前がないわけではないな。でも、今のところ、あまり言いたくはない。「私は日本神道系だ」って言うと、国粋《こくすい》主義とうまいことつながって、もう完全にレッテルを貼《は》られるおそれがあるので、今は、それを言う気はないけれども、「命という名で呼ばれていた存在だ」っちゅうことだなあ。

だから、あの世へ還《かえ》ったら、高天原《たかまがはら》で都市計画部をつくり、高天原の再建を手伝ってやるからさ、三島に、もうちょっとおとなしくしとくように言うといてくれよ。

武田　はい。分かりました。

本日は、多岐《たき》にわたり、いろいろとアドバイスを頂き、ありがとうございました。

石原守護霊　はい。

大川隆法　（石原慎太郎守護霊に）ありがとうございました。

秦　ありがとうございました。

12　石原慎太郎守護霊へのインタビューを終えて

資金のないことが石原氏や橋下《はしもと》氏のネック

大川隆法　ああ。やはり、かなり毒舌《どくぜつ》ですね。

武田　そうですね。過激な発言も幾《いく》つかありました。

大川隆法　大丈夫《だいじょうぶ》でしょうか。何か禁止用語を使いませんでしたか。

武田　禁止用語はなかったと思うのですが、少々、過激な発言が……。

大川隆法　そうですね。

武田　「中国人を網《あみ》で引っ捕《と》らえて」とか……。

大川隆法　挑発《ちょうはつ》するような言葉を、かなり言っていましたからね。過激なことを言うから、人気が出る面もあるのですが。

武田　そうですね。

大川隆法　橋下《はしもと》氏にも、石原氏と似たようなところがあるでしょう。挑発するようなことを平気で言いますからね。

うーん。今のところ、戦力としては、うち（幸福実現党）を当てにはしていないと言っていました（笑）。

武田　そうですね。

大川隆法　まったく当てにしていないようです。「議席が全然取れない政党なので、相手にしていない。組む必要はない」と思っているようなので、自前で百議席も二百議席もお取りになれるのなら、どうぞ、お取りになったほうがいいと思います。

ただ、橋下氏ともども、資金のないことがネックでしょう。

「大阪維新《おおさかいしん》の会」をつくるのはいいけれども、「各自、自分のお金で立候補するように」と言うような状態だから、一回の選挙だけで、もう、これは終わりですね。一回だけでしょう。

「政党から資金はまったく出ないで、自分のお金だけで立候補して戦う」という、組織がない状況《じょうきょう》だと、「風」だけが頼《たよ》りの選挙になりますから、チャンスは一回しかありません。大量に得票できて、議席が取れたときにだけ、政党としての力を持つけれども、風が吹《ふ》かなくなったら、政党としては瓦解《がかい》するでしょう。

だから、以前、勝つ風が吹いた、みんなの党や、その他《た》の政党も、今後、残るかどうか、分かりません。みな、消えていくでしょう。

例えば、舛添要一《ますぞえよういち》氏は、自民党にいたときには、世論《せろん》調査で、「総理候補のナンバーワン」という結果が出たこともあります。「次の総理として期待する人」という調査で、三十パーセントぐらいの支持を集めたときもありました。ところが、今、彼の所属する政党は支持率がゼロパーセントの状態になっています。

だから、今回の動きも一回きりでしょう。仕掛《しか》けが効かず、年内で失速した場合には、おそらく、「何もできないで終わり」ということになるでしょう。

石原氏にないのは「組織をつくっていく能力」

大川隆法　幸福実現党は、今のところ、大したことはないかもしれませんが、連綿と、延々と、やり続けるので、石原氏には、「十年たってから、もう一回、批判してください。九十歳《さい》まで生きられるのでしたら、九十歳の段階で、もう一回、『幸福実現党は駄目《だめ》だ』と批判してください」と言いたいですね。
組織をつくっていくと、時間はかかっても、だんだん組織が力を発揮し始めるのですが、それが見えていないと思われるので、この方には、組織をつくっていく能力は、おそらくないと思います。

武田　そうですね。一人でやっていますから。

大川隆法　同じく作家であっても、仕事能力には差があります。
直木賞《なおきしょう》作家だった青島幸夫《あおしまゆきお》知事のときには、「まったく仕事ができない」という印象がものすごく強かったのですが、石原氏の場合、仕事はよくできますし、アイデアマンで、いろいろなアイデアが次々と出てきます。一橋《ひとつばし》大学自体が、商業の神ヘルメスを祀《まつ》っていて、商業を勧《すす》めているところなので、彼には企業家《きぎょうか》的な面もあるのでしょう。

ただ、最後のほうで話が出た、幸福実現党や幸福の科学に対する見解については、「ご批判としてだけ伺《うかが》っておきます」ということですね。

彼のスタンスは、だいたい分かりました。

では、以上にしましょう。

武田　はい。ありがとうございました。

あとがき

私が製作総指揮した実写映画『ファイナル・ジャッジメント』が公開されたのは今年の六月である。今は世界各国語に翻訳されてフィリピンをはじめ、何十カ国もで上映され、大評判である。

しかし、「近未来予言映画」「日本占領！　日本奪還！」とキャッチコピーを打ったこの映画は、日本のマスコミではほぼ黙殺された。ベストテン上位を続けていたにもかかわらず、だ。非現実だと思われたのだろう。今、そこにある危機から目をそむけるのは、政治家もマスコミも同じだ。民主党政権は、はっきり言って外国からなめられている。主権国家としての体《てい》をなしていないからだ。

この十月には、『ファイナル・ジャッジメント』のテーマを、さらに拡大して、アニメ映画『神秘の法』として上映する予定である。全国民必見である。日本侵略の国難は、すぐそこに迫っている。石原氏の存在自体が抑止力であるように、我々も持てる力を結集して、国難に対抗したいと決意している。

二〇一二年　八月十八日

幸福《こうふく》の科学《かがく》グループ創始者兼総裁《そうししゃけんそうさい》　大川隆法《おおかわりゅうほう》

大川隆法著作関連書籍

『守護霊インタビュー　石原慎太郎の本音炸裂』

『徹底霊査　橋下徹は宰相の器か』（幸福実現党刊）

守護霊《しゅごれい》インタビュー　石原慎太郎《いしはらしんたろう》の本音炸裂《ほんねさくれつ》

2012年9月7日　初版第1刷

著　者　大《おお》川《かわ》隆《りゅう》法《ほう》

発　行　幸福実現党

〒107-0052　東京都港区赤坂2丁目10番8号

TEL(03)6441-0754

発　売　幸福の科学出版株式会社

〒107-0052　東京都港区赤坂2丁目10番14号

TEL(03)5573-7700

http://www.irhpress.co.jp/

印刷・製本　株式会社 東京研文社

落丁・乱丁本はおとりかえいたします

ISBN978-4-86395-229-4 C0030

Photo: AFLO　時事

大川隆法 ベストセラーズ・日本の未来はどうなるか

徹底霊査 橋下徹は宰相の器か

舌鋒するどい政界の若きヒーローに、この国をまかせてもよいのか⁉ マスコミが「次の総理」と持ち上げる橋下徹大阪市長の本音に迫る!
【幸福実現党刊】

1,400円

松下幸之助の 未来経済リーディング

消費税増税と日本経済

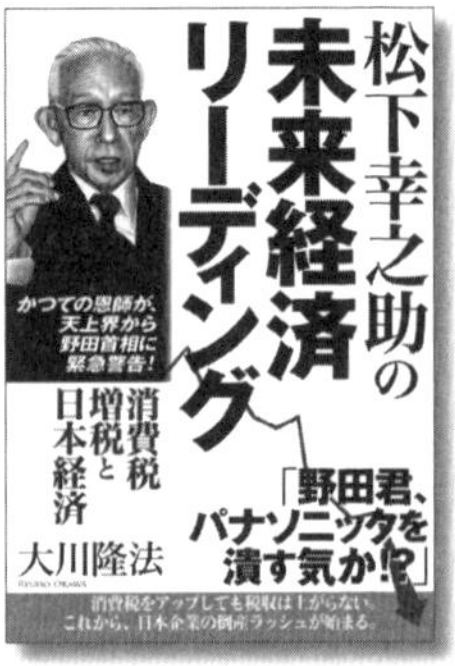

経営の神様・松下幸之助が、天上界から、かつてない日本経済の危機を警告する。かつての門下生・野田首相に苦言を呈す。

1,400円

司馬遼太郎なら、 この国の未来をどう見るか

現代日本に求められる人材とは。〝維新の志士〟は今、どう戦うべきか。国民的作家・司馬遼太郎が日本人へ檄を飛ばす!

1,300円